世界中を歩いた100人の旅人とつくった

ひとり旅英会話BOOK

著 TABIPPO

はじめに

「こんな時なんて言ったらいいの?」
「これってどう言うんだっけ?」
そんな経験はありませんか?

旅先で出会った外国人から話しかけられた時。なんとか英語で最初の質問には答えたけれど、すぐに会話が終わってしまう。本当はもっといろんな国の旅人たちと仲良くなって、いろんなことをおしゃべりしたいのに! 今より英語が話せたら、旅はもっと楽しくなる。世界中を旅してきた私たちが痛感したことでした。

「日本人が外国でよく聞かれる質問」
を45個集めました。

ここにあるのは、世界中を旅する中で私たちが、実際に外国人に尋ねられた質問ばかりです。一つの質問から次の質問へと、おしゃべりをしている時にはこういう流れで出てくるかな、という順番で紹介しています。発音や文法のことは抜きにして、これさえ伝えられたら大丈夫! ということだけを掲載しています。

海外の人たちは、あなたや日本に興味津々。

「なぜ旅をしているの?」「日本ってどんな国なの?」彼らとのおしゃべりは、日本にいる時には考えなかったような自分自身のこと、住んでいるところのことを考えるとても良い機会です。普段からいろんなことに興味を持って、自分なりの考えを持っておく。なによりも日本に関する正しい知識を手に入れ、日本を好きになる。この本には、そのためのヒントもたくさん収められています。

さあ、旅に出かけよう!

旅先で外国人に声をかけられたら、きれいな景色以上のものを手に入れられるチャンス! 自分の伝えたいことが相手に伝われば、旅先でのおしゃべりはきっと盛り上がるはず。
さぁ、この本を手に、旅にでかけてみませんか?

著者紹介

世界で一番旅が好きな会社「TABIPPO」

「旅で世界を、もっと素敵に」を理念に、これから旅をしたい人や、旅人にとってためになる情報を発信している、旅が大好きな会社TABIPPOです。普段は、年間1,400万人の旅好きが見ている旅情報満載のウェブメディア「TABIPPO.NET」の運営をはじめ、日本最大の旅をテーマにした野外フェス「旅祭」や、旅を夢見る若者へおくる旅イベント「BackpackFESTA」、そのほかにも、旅人が講師となって年間200種類以上の旅の講座を全国で行う「旅大学」、旅に出たくなる本や雑貨をつくるモノづくりブランド「PAS-POL」など、様々な事業に取り組んでいます。

いろいろなことをしていますが、TABIPPOのミッションは「若者が旅をする『文化』を創る」こと。ただ単純に、同世代の若者に旅をして欲しいという想いで活動をしています。働いているメンバーは、旅に魅了され、世界一周をしたり、日々世界中を飛び回っている旅人ばかり。

この本は、そんなメンバーをはじめ、TABIPPOに関わるたくさんの旅の先輩たちと一緒につくらせてもらったものです。実際に世界を旅した人たちに書いてもらったリアルなエピソードと、そして何より旅が大好きなメンバーみんなでつくった本だからこそ、旅先の英語に不安を抱いているあなたに、きっと参考にしていただけるはずです。

TABIPPO.NET

年間1,400万人の旅好きが見ている旅に特化したウェブメディア。世界中の絶景スポットや世界一周、旅に関する情報が約5,600記事以上まとまっています。

http://tabippo.net/

旅大学

「旅を学ぶ、旅から学ぶ」をコンセプトに、旅人が講師となり、年間200種類以上の旅の講座や交流会を行っています。旅人の友だちを増やす絶好のチャンス。

http://tabi-daigaku.jp/

旅のモノづくりブランド PAS-POL

いろは出版と一緒に、旅に関する書籍や雑貨を制作。世界中を旅する旅人たちと一緒に、モノづくりを行っています。

http://pas-pol.jp/

本書の使い方

旅先でよく聞かれた質問と、その答えの一例を、Q&A形式でわかりやすくまとめました。

旅先の、たとえばドミトリーで同室になった外国人の旅人に話しかけられる。そんな場面を想定して、Q&Aはよくあるおしゃべりの流れに沿って話題を並べています。

＜Q&Aページ＞
ここに書かれているのは、世界中を歩いた旅人が実際に旅先で外国人から真っ先に聞かれたこと。実際の会話のなかでよく出てきた質問を45個にまとめ、世界の人たちがどんなことをに興味があるのかが分かるようになっています。

＜解説ページ＞
Q&Aをめくった次のページには、その質問をした背景や、知っておくと役立つ豆知識を掲載しています。図や写真もたくさんあるので、外国人に説明をするための指差し会話帳としても使えるようになっています。
ぜひ旅のお供にこの本を連れて行って活用してみてください！

また「次に聞かれたのはこんなこと」は、近いテーマで聞かれたほかの質問です。「こういう質問のあとにはこんなことを聞かれそう」ということがわかると同時に、「こういうことを聞かれたら、自分からはこういうことを話すと盛り上がりそう！」という会話の流れをつかむ参考にもしてください。特に文化や社会に関する答えは、人によっていろんな考え方があって当然です。ここで紹介している回答はあくまで一例。読みながら、あなたなりの答えを考えてみてください！

もくじ

はじめに 2

著者紹介 4

本書の使い方 5

CHAPTER one
出会いと自己紹介 11

Q1 やぁ！あなたはどこから来たの？ 12

Q2 あなたの名前は何ですか？ 16

Q3 日本ではどんな仕事をしているのですか？
（専攻は何ですか？） 20

Q4 どれくらいここに滞在するのですか？ 24

Q5 どうして旅に出ようと思ったの？ 28

Q6 ○○に来たことはありますか？
日本人に人気あるの？ 32

Q7 日本を観光するならどこがおすすめ？
／おすすめの季節は？ 36

Q8 宗教を信仰してるの？ 40

Q9 すごく若く見えるけど何歳なの？ 44

CHAPTER two
日本での生活ってこんなかんじ 49

Q10 日本人って働きすぎじゃない？ 50

Q11 日本の電車は時間通りに来るって本当？ 54

Q12 東京ってどんな場所なの？どんな感じ？ 58

Q13　地震はよくあるの? 怖い? 62

Q14　日本人の家にはどこも温泉があるの? 66

Q15　日本では、家の中では靴を脱ぐの? 70

Q16　お寿司握れるの? 毎日お寿司食べてるの? 74

Q17　毎日米を食べてるの? 米以外は食べない? 78

Q18　日本人ってみんなお箸を使えるの? 82

Q19　日本の有名なお酒ってなに? 86

Q20　日本人ってみんなカラオケ好きなの? 90

Q21　富士山に登ったことがありますか? 94

Q22　写真を撮る時、どうしてピースサインするの? 98

Q23　日本人ってどうしてそんなに親切なの? 102

Q24　自動販売機ってどこにあるの? 何が買えるの? 106

コラム　みんなの好きな日本食 110

CHAPTER three
日本語と日本人のコミュニケーション　113

Q25　日本人はどうして英語が話せないの? 114

Q26　日本人はどうして無口なの? 118

Q27　日本人ってどうしていつもニコニコしているの? 122

Q28　日本語で「Thank you、Hello、Good bye」はなんて言うの？　126

Q29　日本人って4種類の文字を使うって本当？　130

Q30　「I love you」ってなんて言うの？　134

Q31　（男性から）今晩、一緒にどこかに出かけない？　138

コラム　外国人パートナーのこと　142

CHAPTER four
意外と知らない日本の伝統文化　145

Q32　忍者・侍はまだいるの？どこで会えるの？　146

Q33　お寺と神社ってどう違うの？　150

Q34　着物はどんな時に着るの？いつも着てるの？　154

Q35　日本ではやっぱり相撲が人気のスポーツなの？　158

Q36　日本にもチップの文化はあるの？　162

コラム　日本の四季を楽しむ　166

CHAPTER five
日本の政治・経済　169

Q37　日本の総理大臣ってどう思う？　170

Q38　日本の天皇ってどんな存在？　174

Q39　日本の政治はどう思う？　178

Q40　日本は移民を受け入れてるの？
　　　／もしくはどうして受け入れないの？　182

Q41　戦争が始まったらどうやって国を守るの？　186

Q42　原爆を落とされたけど、アメリカのことは好きなの？　190

Q43　日本は先進国なのにどうして自殺する人が多いの？　194

Q44　日本の経済の状況はどうですか？　198

Q45　アジアの人たちを見分けられるの？　202

コラム　アジアの旅先6選　206

コラム　政治と友情は関係ない　208

CHAPTER six
おまけ編 211

おまけ編1　英語の悩みを簡単解決　212

おまけ編2　ほかにも聞かれたこんなこと！　219

おまけ編3　旅のこぼれエピソード集　224

おわりに　228

CHAPTER ONE

Meeting New People and Introducing Yourself

出会いと自己紹介

QUESTION　　#01　▶▶▶▶

Hey!
Where are you from?

やぁ！あなたはどこから来たの？

#01 ANSWER

I'm from Japan.

私は日本からやって来ました。

#1 日本入門
東京だけが日本じゃない！

初対面で最初に盛り上がれるテーマはお互いの国。
とっさに答えられるように、基礎的な情報を調べておくと便利です。

☞ 次に聞かれたのはこんなこと

Question

What part of Japan are you from?

日本のどこ出身なの？

Answer

I live in ____.
It's famous for ____ and ____.
It's about __ km away from Tokyo.

日本の○○に住んでいます。○○や○○が有名です。
東京からの距離は○キロくらいです。

日本の中では東京が一番有名な都市ですが、東京以外の土地のことを説明してみるのも外国の人に興味を持ってもらえるチャンス。
自分が住んでいる場所にある有名なものを調べておいたり、東京からどれくらい離れているのかを話すだけでも相手との距離がぐっと近づきます。

人口 (Population)		1.27億 (2016年)
面積 (Land Area)		378,000km²
消費税 (Consumption Tax)		8%
主要都市 (Major Cities)		東京、大阪、京都、福岡 (Tokyo, Osaka, Kyoto, Fukuoka)
気候 (Climate)		温帯

日本の基礎情報

日本の基礎知識を知っておこう！日本ってどんな国？と聞かれた時に、スムーズに言えるように、日本を旅行をする時に外国人が気になる基礎的なことは覚えておくと役立ちます。

QUESTION #02

What's your name?

あなたの名前は何ですか?

16

#02　　ANSWER

My name is ____.
Please call me ____.

○○です。○○と呼んでください。

*日本語の発音は難しいので、覚えやすいニックネームを考えておくのもアリです。
たとえば、Masahiko → Masa のように。

この会話の続きは次のページ

#2 名前と家族のこと
家族は一番身近な日本人

お互いに一番答えやすいのは、家族に関する基本的な質問。
そしてもっと答えやすいのは自分の名前の話。そこから話を広げてみよう！

☞ 次に聞かれたのはこんなこと

Question

What does your name mean?
How do you write it?

あなたの名前の意味は？どんな字を書くの？

Answer

My name means ____.
In Kanji, it's written like this.

私の名前にはこんな意味があります。
漢字（日本語）ではこう書きます。

両親から名前の由来を聞いておくのもいいかもしれません。
日本では多くの場合、名前に漢字を使い、一つひとつの漢字に意味があり、同じ名前でも漢字が違うと意味が違うといったことを外国人に話すとびっくりされます。

海外では、信仰している宗教に登場する神様や聖人たちと同じ名前をつけることがよくあり、その由来によって名前にこめられている願いや意味が変わります。「私の名前を漢字（日本語）で書いて！」と頼まれることもよくありますが、そういう時には名前の持つ意味も尋ねて、出来るだけそれに近い漢字を使ってあげると喜ばれます！

さらにこんなことも聞かれました

Do you have any siblings? What do they do?

兄弟いるの？何をしてるの？

I have __ brothers (sisters).
My brother (sister) is a / an ___.

兄弟／姉妹は○人います。○○をしています。

兄弟構成は万国共通の話題！兄弟／姉妹のことは、英語で「sibling」と言います。性別や出生順関係なく使えます。

兄：big brother (older brother)
姉：big sister (older sister)
弟：little brother (younger brother)
妹：little sister (younger sister)

漢字の名前をプレゼントしたら、講師に招かれました

美人が多いらしい。旅中、そんな理由でエストニアを訪ねました。そんなことあるの？という話ですが、市場で後ろから「ニホンジンデスカ！」と声をかけられたんです。思わず「え？」と振り返ると、金髪女性が珍しいものを見るような目でこっちを見ており、日本が大好きなんていうものだから、話を聞いてみることに。クリスティーと名乗る彼女は、大学で日本語を専攻をしており、中でも「漢字」が興味深いと。そこで僕は「紅里寿茶」と、漢字の名前をプレゼント。意味を伝えると「Awesome!」と舞い上がり、なんと大学に来て欲しいと。そして翌日、日本語専攻クラスで、僕がゆっくりと日本語で、日本について話すと、遠い国の大ファンたちは、きらきらした顔で聞いてくれました。今でも、彼女のFacebookは、紅里寿茶になっています。
（岡田共平／25歳／会社員）

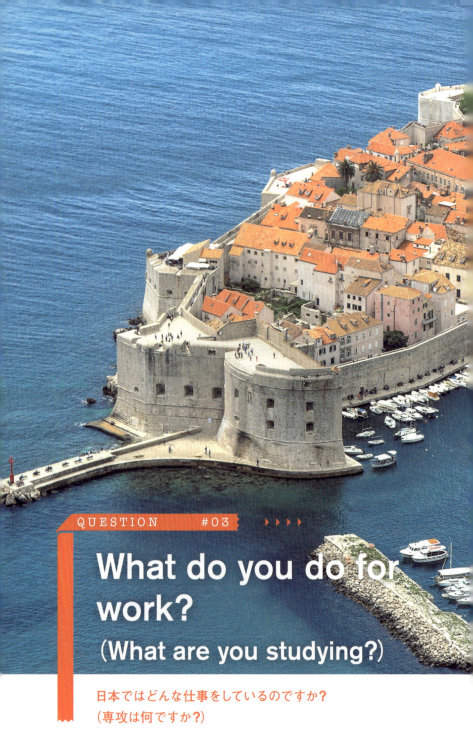

QUESTION #03 ▶▶▶▶

What do you do for work?
(What are you studying?)

日本ではどんな仕事をしているのですか？
(専攻は何ですか？)

#03　　　ANSWER

I work in ___. /
(I study ___.)

会社員です。
(○○を専攻しています。)

この会話の続きは次のページ

#3 仕事と学業のこと
自分のことを答えられるようにしよう

仕事でも勉強でも、具体的に説明できると
あなたの人柄がグッと鮮明になり、いろんな会話の糸口が見えてきます。

☞ 次に聞かれたのはこんなこと

Question

**Why did you choose that job?/
Why are you studying that?**

何でその仕事／専攻を選んだの？

Answer

Because I like ＿＿＿.

○○が好きだからです。

海外では、仕事／専攻を選んだ理由について尋ねられることがよくあり、意外と明確な答えを求められたりします。答えられないと不思議そうな顔をされることも。仕事や勉強についての話題は、お互いのパーソナリティを知る重要な手がかりとなるので、そういう時に答えられるようにしておくと会話が弾むきっかけにもなります。

[仕事の業種 / Line of work]

メーカー
マニュファクチャリング
manufacturing

飲食
food industry

IT

マスメディア
mass media

公務員
civil service

金融
finance

小売り
retail trade

[専攻 / Major]

経済学
economics

法学
law

政治学
political science

科学
science

生物
biology

文学
リテラチャー
literature

社会学
sociology

歴史
history

語学
リングイスティクス
linguistics

TIPS 英語豆知識

海外では、「ギャップイヤー（gap year）」をとる人がたくさんいます。ギャップイヤーとは、高校卒業から大学入学まで、あるいは大学卒業から大学院入学までの期間のこと。そのタイミングで多くの人が、丸1年をかけて（それ以上の場合もあります）、旅行やボランティア活動、ワーキングホリデーなど学校では得られない人生経験を積みます。強い意志を持って自分自身と向き合い、選ぶべき専攻分野や将来の仕事などについてじっくり考える期間です。近年では、日本でも少しずつその価値が認められはじめ、学校制度の中への浸透がはかられています。

どれくらいここに滞在するのですか?

How long are you staying here?

QUESTION　　#04　▶▶▶▶

#4 旅は道づれ
仲間を見つけるきっかけ

ひとり旅も楽しいけれど、仲間ができれば行動範囲がぐっと広がります。
おしゃべりで盛り上がって仲間を見つけよう！

☞ 次に聞かれたのはこんなこと

Question

Where have you traveled in this area so far?

この周辺はどこか観光しましたか？

Answer

**I went to ＿＿ and ＿＿ .
And you?**

○○と○○には行きました。あなたは？

せっかく同じ宿に泊まった者どうし、滞在期間が被れば一緒に旅をしたいと思っている人もたくさんいます。行ってみたい場所が同じかもしれないので、相手の行きたい場所を聞いてみよう。もし滞在期間が同じでなくても、お互いの行った場所の情報交換をして次の出かけ先を決めることもできます。旅での出会いを大切に、一緒に出かけるプランに変更するのも旅の楽しみ方の一つ。

宿で韓国人の
ひとり旅女子と意気投合

オーストラリア旅行中に、同じ宿だった韓国人の女の子と友だちになりました。部屋は違いましたが、彼女が話しかけてくれたのがきっかけでした。お互い女子ひとり旅、年齢も近かったので意気投合し、一緒に観光しました。話しているうちに日本語と韓国語には似た単語がたくさんあることを知り、面白いね！と盛り上がりました。それがきっかけで今では韓国語を勉強しています。またどこかに一緒に旅行に行こうと約束した彼女と再会できる日を、楽しみにしています。
（越智有花／21歳／大学生）

警察まで
付き合ってくれた夫婦

グアテマラのアンティグアの市場でiPhoneを盗まれました。初めての盗難で、どうしていいのかわからずパニックになっていると、片言の英語で話しかけてきた夫婦が、わざわざ警察署まで歩いて連れて行ってくれました。警察への状況説明もスペイン語でしてくれて、最後は宿まで送ってくれました。「Have a good sleep and enjoy your trip from tomorrow again!」と言って帰っていった夫婦の後ろ姿がまだ目に残っています。結局iPhoneが戻ってくることはなかったけど、英語の話せない人がほとんどのグアテマラで彼らに話しかけてもらい、気持ちの面でもだいぶ助けてもらいました。
（原歩未／30歳／飲食業）

TiPS 英語豆知識

「明日ランチに行こう！（Let's grab lunch tomorrow!）」と誘ってみましょう。haveやgetも使えますが、grab（つかむ）だと、より砕けた感じで使うことができます。気になる人がいたら、「このへんでおいしいお店ある?」、「このへんでおすすめのスポットある?」などの質問からさりげなく誘う手も。

QUESTION #05
Why are you traveling?

どうして旅に出ようと思ったの？

#5 旅に出たわけ
理由はそれぞれだから聞いてみたい！

旅に出たわけは人それぞれ。
だからこそ、そこにはその人の想いが一番アツく凝縮されているはず。

☞ 次に聞かれたのはこんなこと

Question
Isn't it scary traveling alone?
スケアリー
一人で旅して怖くないの？

Answer
No, because many people help me!
いいえ。たくさんの人が助けてくれるから！

尊敬する友だちに会うため一人NYへ

昔から世界史や遺跡は好きだったけど、本の世界で十分事足りて、東京の狭い一角での生活に満足していた20歳の私。なのに、ふらっとNYに住む友だちに会いに行くことに！
ところが、誘ってくれた友だちと二人で行く予定が同じ飛行機が取れなくて別々に……。今までも、海外には行ったことはあったけど、予期せぬ「一人」で楽しみというよりはすごく緊張しました。世界の大都会で自分の夢に向かって頑張っている友だちを見て、かっこよくて尊敬したのと同時に私の知らない世界を知っていて羨ましいとも感じました。たくさんの刺激をもらって帰国し、そこから私の世界は一気に広がりました。本の中だけじゃなくて自分の目でリアルが見たい！写真と実際は違うから……。
旅が好きになるきっかけをつくってくれたNY。誘ってくれた友だち。行かなかったら私の世界は狭い一角のままでした。ありがとう。（mi／31歳／美容師）

「本当の幸せ」を探して旅をつづけるように

フィリピンで貧困層向けのボランティアに参加したことがきっかけで、価値観が180度変わった。参加前は貧困層＝暗そうという勝手な固定観念があったが、実際には、子どもから大人までくしゃくしゃの顔で笑いとても幸せそうだった。
この経験から、「本当の幸せって何だろう？」と常に問うようになり、世界中の人と交流してこの答えを見つけるために旅するようになった。異文化交流する時、少しでも英語が話せて良かったと本当に思う。世界中の様々な背景を持った人と意見交換ができるのだから、これほど楽しいことはない。問いの答えが見つかった時、深く考えるきっかけをくれたフィリピンの貧困層に恩返しがしたい。これが私が旅に出る理由だ。（沼田聡佳／24歳／ライター）

ウェディングフォトで世界一周！

「結婚式の装飾に、世界一周の写真を使いたいね」付き合っていた頃、ふと妻がそう言った。「そうだね、やりたいね」そう二人で笑ったその一言は、いつしか「夢」から「約束」になり、入籍して「予定」になった。二人で仕事を辞め、カメラマンに世界一周を帯同してもらい、各地でウェディングフォトを撮影した。
きっかけは純粋に「妻の夢を叶えたい」それだけだったが、一生忘れられない思い出ができた。妻の笑顔を世界中で見られたことは、何にも代え難い経験だった。（菅原康平／26歳／クリエイティブディレクター）

日本人に生まれた幸運を活かすため旅に出る

日本人は行こうと思えば好きな国へいつでも行ける、お金がなければ働いてお金を稼ぐことができる。世界にはそうじゃない人が山ほどいる。
だからもしあなたが海外へ行きたいと思ったのなら、日本に生まれたという幸運をその人たちの分まで使うべきだと思わない？私はこう言ってくれた人がいて、19歳の春、初めて旅に出た。（小倉茄菜／22歳／グラフィックデザイナー）

QUESTION #06

Have you been to ___?
Is it popular in Japan?

○○に来たことはありますか？ 日本人に人気あるの？

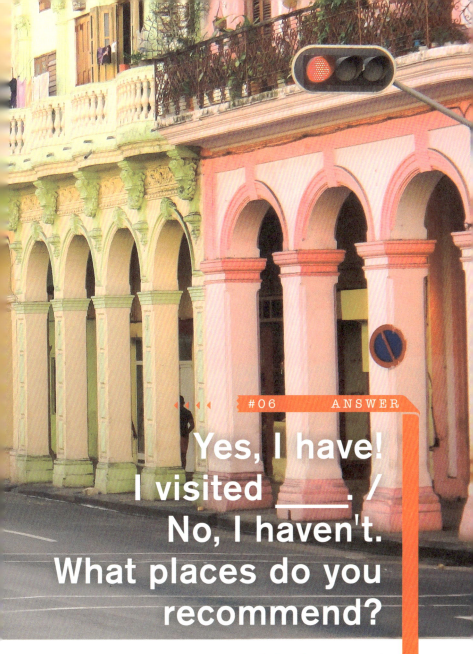

#06 ANSWER

Yes, I have! I visited ___ . / No, I haven't. What places do you recommend?

はい、あります。○○を訪れました。／
まだありません。どこがおすすめですか？

※「○○」には質問者の出身地などが入ります。

この会話の続きは次のページ 33

#6 日本人であること
日本国籍を持つことの幸運をかみしめる

頑張ってお金を貯めれば世界中を旅できる。
それがあたりまえじゃない国の人もいることを忘れないようにしよう。

☞ 次に聞かれたのはこんなこと

Question

Japanese can visit many places, without a visa. That must be nice.

日本人ってビザなしで行けるところが多いよね。それっていいね。

Answer

Yes, I think we are lucky.

そうだね。運がいいと思うよ！

日本に住んでいるとあまり実感はないが、まだまだ日本ブランドはすごく強い。発展途上国で「うちの車は日本製なんだよ！」と親しげに声をかけられることがよくあります。日本人は、海外で「時間を守る」「誠実」「頭がいい」「優しい」などポジティブなイメージを持たれていることが多いので、初めて会った人に「I'm Japanese!」と伝えると優しく接してもらえることがあります。

さらにこんなことも聞かれました

Question

How do you make money to travel? Does anyone support you?

旅するためのお金はどうしてるの？誰かに支援をされてるの？

Answer

Many people save money from working part-time jobs!

バイトや仕事を頑張ってお金を貯める人が多いです！

旅に出たいけれどお金が……という心配を抱えている人もいると思います。旅人の中には旅前にリゾート地で住み込みアルバイトをしたり、クラウドファンディングで旅の資金を募ったり。旅中には旅の資金を得るために治験（新しい薬の承認を受けるために行う臨床試験）、バスキング（路上で大道芸などをして観客から投げ銭を集めること）にチャレンジした人も!?

Episode

おにぎりで世界一周

僕は、おにぎりを握って世界一周しました。大好きなおにぎりを広めるために毎日おにぎりを海外の人たちに握っていました。最初、おにぎりを広めるために無償で握っていたのですが、握れば握るほど反比例のようにお金がなくなっていきました（笑）。これじゃあ、目標だった世界一周が達成できなくなると思い旅の途中からおにぎりでバスキングを始めました。ケニア、スペインのトマト祭り、キューバ、ニューヨークで販売しました。ハッピとハチマキのお祭りスタイルで売り子のように街や電車を練り歩きました。自分自身英語が得意ではないのですが、笑顔とボディランゲージで必死におにぎりのおいしさや素晴らしさを伝え販売しました。その思いが通じてかキューバ以外では完売することができ、生き延びることができました（笑）。
（花崎和真／23歳／大学生）

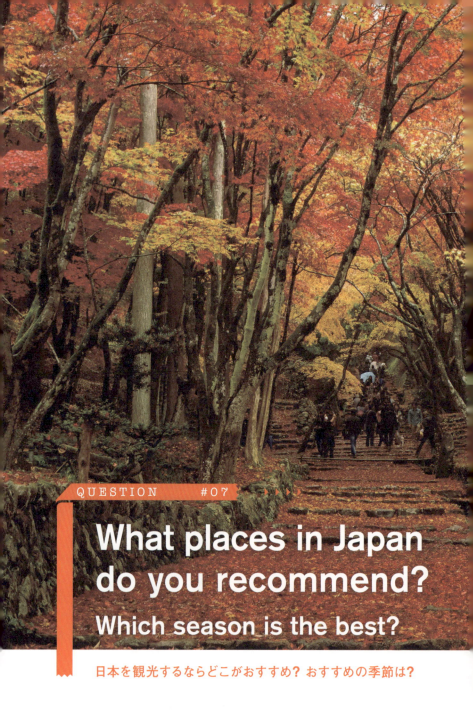

QUESTION　　#07

What places in Japan do you recommend?

Which season is the best?

日本を観光するならどこがおすすめ？ おすすめの季節は？

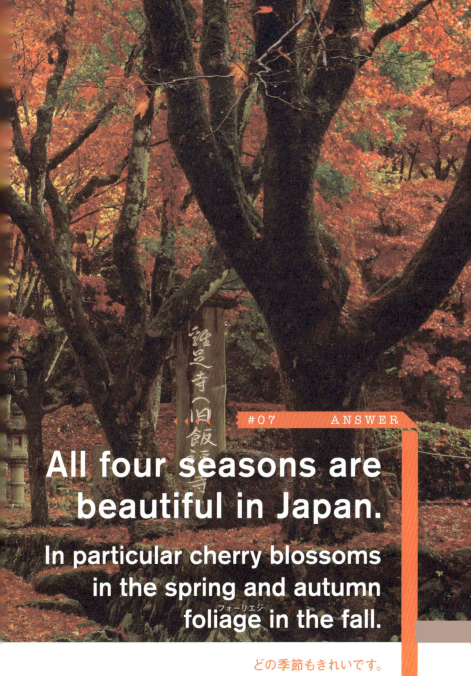

#07　ANSWER

All four seasons are beautiful in Japan.

In particular cherry blossoms in the spring and autumn foliage in the fall.

どの季節もきれいです。
特に春の桜や秋の紅葉かな。

※有名な場所はもちろん、マイナーな場所も知っておくと、日本を訪れようと考えている人に喜ばれます。

この会話の続きは次のページ

#7 日本を旅するなら

旅の目的地、日本

旅行の目的地として世界的に人気の国、日本。私たちも日常生活の中でちょっと視点を変えて、「観光地としての日本」について、ちょっとした知識を蓄えておくと便利。

☞ 次に聞かれたのはこんなこと

Question

What is the difference between Tokyo and Osaka?

東京と大阪って何が違うの？

Answer

Actually, the way people speak is different!

実は言葉も違うんです！

東京と大阪では、食べ物の味付け、マクドナルドの呼び方、エスカレーターの立ち位置など、いろんなところが違います。という説明から、海外の都市を例に出して、東京はニューヨークやロンドン、パリといったクールな都会のイメージ、関西は南米の都市のような陽気なイメージと伝えたり、フランスのパリとマルセイユ、イタリアのミラノとナポリみたいなかんじと言ってみると、想像してもらいやすくなります。そこから、「なら私は東京派だ／私は大阪派だ」のように会話が広がっていくかも。相手の国で文化圏を分け合っている都市のことを尋ねてみてもいいでしょう。

さらにこんなことも聞かれました

How much do we need to travel around Japan?

いくらぐらいあれば日本を旅することができる?

About __ yen a week.

一週間で○○円ぐらい必要です。

発展途上国から見れば、日本はまだまだ物価の高い国。でも先進国からの旅行者にとっては、意外と物価の安い国と思われています。どこでも共通のもの、たとえばペットボトルの水、マクドナルド、スターバックスのコーヒーなどの値段を合わせて教えてあげるとわかりやすくなります。

ちょっと贅沢するなら
1日1万円×7日分　7万円〜10万円くらい（航空券除く）

- ゲストハウス：ドミトリー1泊3,000円〜
- 500mlペットボトルの水：100円〜
- マクドナルドのセット：500円〜
- スターバックスのコーヒー：ドリップコーヒーショート280円〜
- タクシー初乗り：東京都内410円〜
- 成田〜東京駅まで：片道1000円〜（京成高速バス利用の場合）
- 新幹線：東京〜大阪＝片道13,620円〜
- 夜行バス：東京〜大阪＝2,000円前後〜

宗教を信仰してるの？

Are you religious?
リリジャス

QUESTION　　#08　▶▶▶▶

この会話の続きは次のページ

日本で盛んなのは仏教と神道です。
でもこの２つが宗教だと感じている人は少ないかもしれません。

Buddhism and Shintoism are popular in Japan.

However, many people may not consider them actual religions.

#08   ANSWER

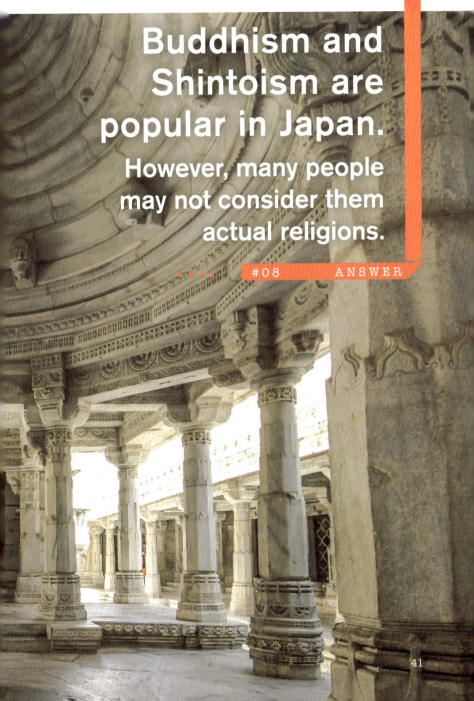

#8 日本人と宗教
神社とお寺とクリスマス

海外では、宗教の話題はとても繊細な部分に触れるもの。
そういう常識からすれば、日本人の宗教観のおおらかさはとても興味深く感じられます。

☞ 次に聞かれたのはこんなこと

Question

**If you're not religious,
what do you base your life on?
(What guides your life choices?)**

無宗教なら何が人生の基盤となっているの?
(何が人生の指針となっているの?)

Answer

We think of our ancestors(アンセスターズ) and nature.

自分たちの先祖や自然を敬っています。

外国人に簡単に説明するなら、こういうふうに伝えることができます。
日本に馴染みのある宗教といえば、日本独自に成り立ってきた民族宗教である神道と、インドから伝わってきた世界三大宗教の一つである仏教の二つが挙げられます。違う点としては、仏教には教えの元となる経典がありますが、神道には存在しません。お寺は仏教の、神社は神道の宗教施設です。おおまかに言えば、お寺にはお墓があり、神社には大きな鳥居があるのが特徴です。ただ、日本人はこの二つを細かく区別せず、両方の施設でお参りしたりお祈りしたりしています。

さらにこんなことも聞かれました

Question

Why do you celebrate Christmas if there aren't many Christians?

キリスト教徒が少ないのに、どうしてクリスマスをお祝いするの?

Answer

Japanese like to celebrate events.

日本人はイベントごとが好きだからです。

海外の人からすると日本の宗教は仏教・神道というイメージが強いため、日本人がクリスマスを祝う姿は不思議がられることがあります。一つの宗教を信仰しているなら他の宗教を信仰しないというのが、世界では一般的だからです。「クリスマス」は、日本では宗教的なお祝いではなく、年中行事の一つ、あるいは季節の楽しみ方の一つという側面が強いということを説明するといいかもしれません。相手によっては、PR戦略の結果であるという説もあることを話してもいいでしょう。

Episode

すべての宗教を大切に思っていると語った少年

宗教と深く結びついた街、エルサレムを旅した時のこと、嘆きの壁で一人の少年と出会いました。彼は聖書を常に持ち歩いているという熱心なキリスト教徒だったのですが、ここで一つ、「どうしてキリスト教徒の君が、ユダヤ教の聖地である嘆きの壁でお祈りしているんだい?」と聞くと、彼は「ユダヤ教もキリスト教もイスラム教も元は一つの宗教で、兄弟みたいなものだと思ってるよ。だから僕はキリスト教だけじゃなくて他の宗教も尊敬しているし、大切に思っているんだ」と言いました。自分たちとは違う価値観の人たちも受け入れ、大切にする。彼の話は私たち日本人も考えさせられる、とても深いものだと、強く感銘を受けました。
(坂口大貴/21歳/大学生)

QUESTION   #09   ▶▶▶▶

You look so young! How old are you?

すごく若く見えるけど何歳なの？

#9 日本人と年齢

若く見られて得したり損したり

日本人は若く見られがち。最初は「そんな(に若い)わけないじゃん!」と笑ってしまうかもしれませんが、そんな認識のギャップを逆手にとっておしゃべりを盛り上げましょう。

☞ 次に聞かれたのはこんなこと

Question

Why do Japanese people care about their age?

どうして日本人は年齢を気にするの?

Answer

Respecting our elders is very important in our culture, so when we meet someone, we often ask their age.

年上の人を敬う文化のため、初対面の方の年齢が気になってしまうんです。

つい相手の年齢を聞いてしまった後で、こう尋ね返されることがあります。上のように答えながら、あわせて日本語における敬語のことを説明してみるのもいいかもしれません。外国語の中には、「丁寧に話す」とか「尊敬の念を表す」表現方法を持つものもありますが、日本語のように細かく繊細な敬語のシステムを持つ言語はあまりありません。そういうことを説明すると面白がってもらえます。また場所にもよりますが、少なくとも海外で出会う旅人たちは年齢を気にしていません。それよりも、これまでその人がどんな生き方をしてきたのか、どんな考えを持っているのかに興味があります。また、日本人はとても若く見られる傾向があるので、もし年齢を尋ねられたら、こちらも「May I ask ～」という丁寧な形で質問してみましょう。

「警戒心を抱かれない」という強み

日本人は海外へ行くと若く見られがちだが、私はもともと若いのに加え、身長も低い。お酒をすんなり買えないのはもちろん、パスポートを見せても怪しまれ、チェックに時間がかかってとても面倒だ。しかし、良いこともある。ヨーロッパで美術館に行くと、学生証を持っていないのに学生料金にされていたり、子どもに見えるのか、他の人より機内サービスのお菓子を多くもらえたり。でも、若く見られることの一番の強みは、「警戒心を抱かれないこと」だと思っている。旅の醍醐味はやはり、現地の人との関わり。子どもに見える私は警戒心を抱かれにくいし、よく話しかけられ、よく助けられる。いろんな人の優しさに触れて、私はまた旅に出たくなるのだ。（坂井さやか／24歳／会社員）

CHAPTER two

Life in Japan

日本での生活ってこんなかんじ

QUESTION　　　#10

Don't you think that Japanese people work too much?

日本人って働きすぎじゃない?

#10 ANSWER

Japanese people think so, too.

私たち日本人もそう思っています。

この会話の続きは次のページ

#10 日本人と仕事

日本人=勤勉のイメージに応える!

海外の人から見た日本人のイメージといえば「勤勉」。リスペクトの気持ちからいじられることもあるので、スマートに会話を展開しよう。

 次に聞かれたのはこんなこと

Question

How long are your vacations?

休みはどれぐらい取れるの?

Answer

Most people only take 1 week of summer vacation, including weekends.

夏休みの場合でも、週末を合わせて1週間が最長という人が多いと思います。

「働きすぎ」かどうかを、休みの長さだけではかれるとはかぎりません。でも、日本が休みにくい労働文化の国であることは、たしかではないでしょうか。
国の定めた祝日は、今のところ年に16日あります。1月1日にはお正月を祝い、神社に出かけ、家族揃っておせち料理を食べます。次にゴールデンウィークと呼ばれる連休が5月にあり、旅行に出かける人がたくさんいます。そして8月のお盆休みには、ご先祖さまを祀る行事のために実家に帰るという習慣があり、多くの人がこの時期に夏休みを取ります。ただしそれも長くてだいたい1週間です。1カ月のバケーションを取れるような会社はほとんどありません。こういうふうに答えていくと、正月やお盆といった文化・慣習の話題に移行できるかもしれません。

［国民の祝日］
Public holidays

元日（New Year's Day）
1月1日
年のはじめを祝う。

成人の日（Coming-of-Age Day）
1月の第2月曜日
新しく20歳を迎えた人を祝う日。地方自治体などで成人式が行われる。

建国記念の日（National Foundation Day）
2月11日
建国をしのび、国を愛する心を養う。戦前の「紀元節」の日にあたる。

春分の日（Vernal Equinox Day）
春分日（3月）
昼夜の時間がほぼ同じになる。春のお彼岸の中日。

昭和の日（Showa Day）
4月29日
昭和天皇の誕生日。

憲法記念日（Constitution Memorial Day）
5月3日
日本国憲法の施行を記念し、国の成長を期する。

みどりの日（Greenery Day）
5月4日
自然に親しむとともにその恩恵に感謝し、豊かな心をはぐくむ。

こどもの日（Children's Day）
5月5日
こどもの人格を重んじ、こどもの幸福をはかるとともに、母に感謝する。男の子の誕生と成長を祈る、「端午の節句」にあたる。

海の日（Marine Day）
7月の第3月曜日
海の恩恵に感謝するとともに、海洋国日本の繁栄を願う。

山の日（Mountain Day）
8月11日
山に親しむ機会を得て、山の恩恵に感謝する。

敬老の日（Respect-for-the-Aged Day）
9月の第3月曜日
老人を敬い、長寿を祝う。

秋分の日（Autumnal Equinox Day）
秋分日（9月）
祖先をうやまい、なくなった人々をしのぶ秋の彼岸の中日。

体育の日（Sports Day）
10月の第2月曜日
スポーツにしたしみ、健康な心身をつちかう。

文化の日（Culture Day）
11月3日
自由と平和を愛し、文化をすすめる。明治天皇の誕生日。

勤労感謝の日（Labor-Thanksgiving Day）
11月23日
働いている人をねぎらい、感謝する日。農作物の恵みに感謝する「新嘗祭」にあたる日。

天皇誕生日（Emperor's Birthday）
12月23日
天皇の誕生日を祝う。

＊参考：内閣府のHP
http://www8.cao.go.jp/chosei/shukujitsu/gaiyou.html

日本の電車は時間通りに来るって本当？

Is it true that trains always arrive on time in Japan?

QUESTION   #11

54

この会話の続きは次のページ

本当です！時刻表通りに来ないとニュースになる時もあります。

Yes!
If a train gets delayed, sometimes it will make the news.

#11　　ANSWER

#11 日本の公共交通機関事情

正確さと混雑で有名な日本の鉄道について

その正確さと安全さは世界でも賞賛の的。でも混み具合は「仰天ネタ」。
ここは一つ、できるだけ正確な情報で答えてみよう!

☞ 次に聞かれたのはこんなこと

Question

Some people are sleeping on the train. Is that safe?

電車の中で寝てる人がいるけど大丈夫なの?

Answer

Even if you forget something in a train, you'll probably get it back. It's that safe!

電車の中に忘れた物もよく戻ってくるほど安全なんです!

海外に比べると、電車内でのスリの犯罪はほとんどないと言ってもいいほど。落し物・忘れ物が持ち主の元に戻ってくる国としても有名で、警視庁の調べによると2014年に東京都内で届けられた現金は33億4千万円でしたが、そのうち持ち主に戻ったのは約24億7千万円だったそう。この数字だけでも日本の治安の良さがうかがえます。海外では「財布の落し物は天からの恵み」とも言われている(!?)そうなので、海外で出会った人にその真相を聞いてみよう!

さらにこんなことも聞かれました

Question

Are Japanese trains packed all the time?

日本の電車っていつでもどこでも満員なの？

Answer

The worst is Tokyo's morning rush hour.

一番ひどいのは、東京の朝のラッシュアワーです。

特に朝の通勤時間は、入りきらない乗客を駅員が電車に押し込むこともあります。ただ、路線を選べば空いているものもあります。日本を旅行する外国人には、7〜9時頃の通勤ラッシュを避けて移動することをおすすめしてあげるといいですね。

QUESTION　　#12

How is Tokyo?
What is it like?

東京ってどんな場所なの？ どんな感じ？

#12 ANSWER

It's like Paris, London, or NY.

世界で言う、パリやロンドン、NYみたいな場所だよ。

この会話の続きは次のページ

#12 東京という街のこと
東京の魅力を語ろう

莫大な人口を抱える経済、政治、文化の中心地・東京。大都市なのに安全という、世界基準からするととても珍しいこの街について外国人から聞かれることはこれ。

東京の歴史

武士たちの政権だった江戸幕府の政権所在地に定められたのは、1603年のこと。街は江戸と呼ばれ、18世紀の前半までに100万人が住む大都市となりました。その半数が武士とその家族、残りの半数が町人だったそうです。この時期の江戸は、世界第一位の人口規模を持っていたと推定されています。1867年の明治維新後、名前が東京に改められました。以降、1923年の関東大震災と第二次世界大戦中の空襲という、二度の大規模な破壊を経て現在にいたります。

今のところ若者文化の重心は、山手線の駅でいうと恵比寿、渋谷、原宿、新宿といった西側に大きく傾いています。かつての江戸の中心地だった日本橋、銀座あたりは大人の街。そこから東へと進み、隅田川を越えると下町。また、「サラリーマンの聖地」とされる新橋のことに触れてもいいかもしれません。細かな歴史を説明してもキョトンとされてしまいますが、このくらいの話は、特に観光を考えている外国人には興味深く聞いてもらえるのではないでしょうか。

次に聞かれたのはこんなこと

What is in Akihabara?

秋葉原には何があるの？

It used to be famous for electronic shops, but now it's known as "the city of otaku."

もともとは有名な電気街でしたが、
今は「オタクの街」として知られています。

英語で「Akiba」の単語にもなっている秋葉原。元々は世界有数のマニアックな電気街として有名な街でしたが、そこにオタク文化が融合し、今ではツアーも組まれる人気の観光地となりました。免税店も日本の中ではトップクラスの品揃えで、電化製品はもちろん、アニメやマンガなどのグッズを買って帰る外国人も大勢います。

TiPS 英語豆知識

コスプレ cosplay
Dress up as a character from an anime, video game, etc.

メイドカフェ maid café
A café where waitresses dress up as maids and welcome customers by calling them "master".

オタク otaku
Otaku is a term that refers to people who are obsessed with a certain genre of entertainment, like manga, anime or video games.

AKB48
A Japanese female idol group created by producer Yasushi Akimoto on December 8th, 2005. There are many other groups in addition to AKB48, such as SKE48, NMB48, and more.

地震はよくあるの？ 怖い？

Do earthquakes happen often? Are they scary?

QUESTION　　　#13

この会話の続きは次のページ ☞

小さい地震がよくありますが、
大きな地震が来た時のことが怖いです。

There are many
small earthquakes,
but everyone fears
that a big earthquake
will hit and
we won't know
what to do.

#13　　　ANSWER

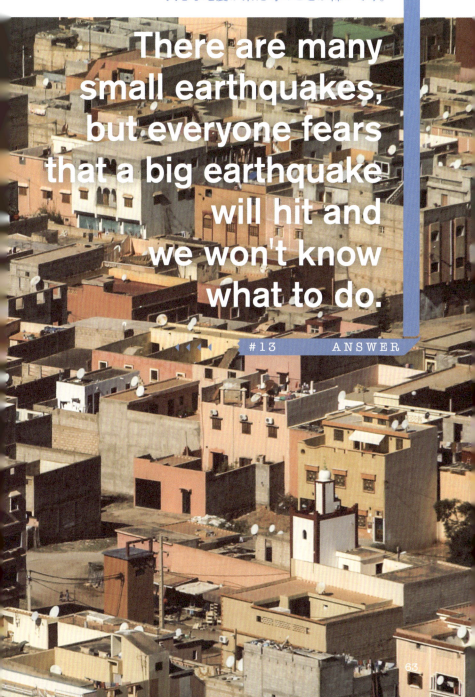

#13 日本の地震と家
もう一つの日本のイメージ、地震

東日本大震災以降は特に、地震の国というイメージがあります。
でも、ずっと地震や火事と闘ってきたからこその対策があることを外国人にも
教えて、安心させてあげよう。

☞ 次に聞かれたのはこんなこと

Question

What should I do if earthquake hits while I'm in Japan?

もし日本で地震に遭遇したらどうしたらいい？

Answer

If you're indoors, stay inside and protect your head under a table until big shake stops, or if you're near sea, evacuate(イヴァキュエイト) to a hill.

屋内にいる場合は、大きな揺れがおさまるまで机などの下で頭を守り、海が近い場合は高台に避難してください。

日本と地震は切っても切れない関係で、過去の大地震からもたくさんの教訓を学んできました。
日本の建築基準法に則って建てられた建物は、小さな地震が起こっても倒壊する心配はほぼありません。また震度1～2ぐらいの場合、日本では特に避難もしません。滅多に地震が起きない国の人は、小さな揺れで恐怖に陥る人もいますが、日本人は「地震が来ても冷静すぎる」として海外で話題になったりもするようです。
とはいえ、外国にいる時に比較的大きな地震に遭った場合には、周囲の状況をよく把握しながら慎重に行動する必要があります。

さらにこんなことも聞かれました

Are Japanese houses very small?

日本の家ってものすごく狭いんでしょ？

There is not much land compared to the population, so houses are small, especially in big cities like Tokyo.

人口が多いわりに土地が狭いので、
特に東京では狭い部屋に住まざるを得ないことが多いです。

もともと面積に限りのある島国であることに加えて、国土の7割を山地と丘陵地が占める日本。つまり、地図で見る日本列島の大きさよりもさらに狭いところに人が生活しています。しかも人口は圧倒的に東京に集中しているせいで、都市部ではどうしても家が狭くなる。ただ、東京を一歩出ると意外と大きな家が建っていることも教えてあげましょう。

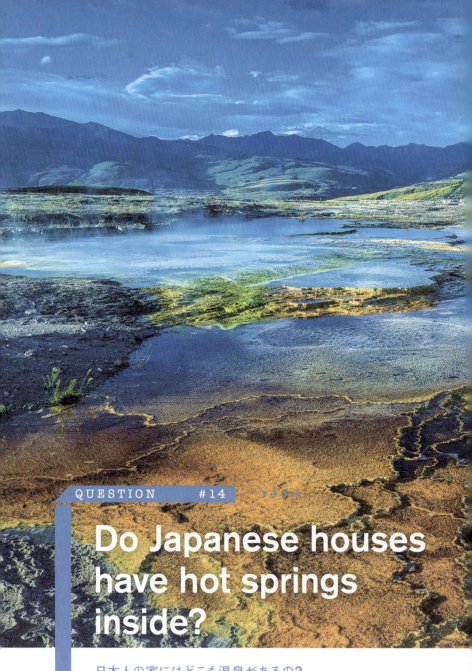

QUESTION #14

Do Japanese houses have hot springs inside?

日本人の家にはどこも温泉があるの？

#14 ANSWER

No, we have bathtubs.

We use bathtubs to clean and go to hot springs to relax.

ありませんが、お風呂はあります。
お風呂は体をきれいにするため家にあり、
温泉はリラックスするために行く場所です。

この会話の続きは次のページ

#14 日本と温泉

お風呂と温泉

日本人にとって風呂や温泉は、体を清潔にする手段というよりリラックスして楽しむためのもので、日本文化の重要な一部分。その心を伝えよう。

次に聞かれたのはこんなこと

Question

In Japan, do you take a bath after taking a shower?

日本ではシャワーを浴びた後、浴槽に入るの?

Answer

Yes, taking a bath helps you relax.

はい、お湯につかった方が疲れが取れるんです。

一人暮らしだとシャワーだけで済ます日本人も多いですが、やはりゆっくりお風呂につかって疲れを取るのは気持ちのいいもの。日本では欧米諸国とは違って、体を清潔に保つだけでなくお風呂に癒し効果を求める傾向があります。海外ではシャワーだけしかない家も多いですが、日本ではワンルームの小さな家でも必ず浴槽がついています。

さらにこんなことも聞かれました

Question

What hot spring locations do you recommend?

おすすめの温泉地を教えて!

Answer

Popular places include Yuhuin in Oita, Gero in Gifu, Kusatsu Onsen in Gunma.

人気があるのは湯布院（大分県）、下呂（岐阜県）、草津温泉（群馬県）です。*

＊日本旅行による「にっぽんの温泉100選」より
(http://www.nta.co.jp/yado/onsen/onsen100/)

すべての地域／地方に温泉が湧いているぐらい温泉大国の日本。家族やカップルに人気の旅先です。冬に露天風呂に入りながら眺める雪景色の風情はもちろん、コーヒー風呂や洞窟温泉のような変わり種について話すと会話が盛り上がること間違いなし。山形県の銀山温泉は海外でもよく知られている日本の国民的ドラマ『おしん』の舞台になった場所。群馬・新潟・長野の三県にまたがる上信越高原国立公園の中にある地獄谷野猿公苑では、猿が温泉につかる光景を見ることができます。

TIPS 英語豆知識

お風呂に関してはこんな質問をしてみると、会話が広がるかもしれません。

・小さい頃家族と一緒にお風呂に入った？
＝ Did you take a bath with your family when you were small?
・お風呂は朝入る？夜に入る？
＝ Do you take a bath in the morning or at night?
・(アジアや南米の外国人に) 冷水シャワーって寒くない？
＝ Aren't cold showers really cold?

日本では、家の中では靴を脱ぐの？

Do you take off your shoes when you go inside?

QUESTION　　#15

この会話の続きは次のページ

みんな脱いでいます。
玄関で靴を脱いでから家に入るつくりになっています。

Yes, everyone does. You take them off at the entrance.

#15 ANSWER

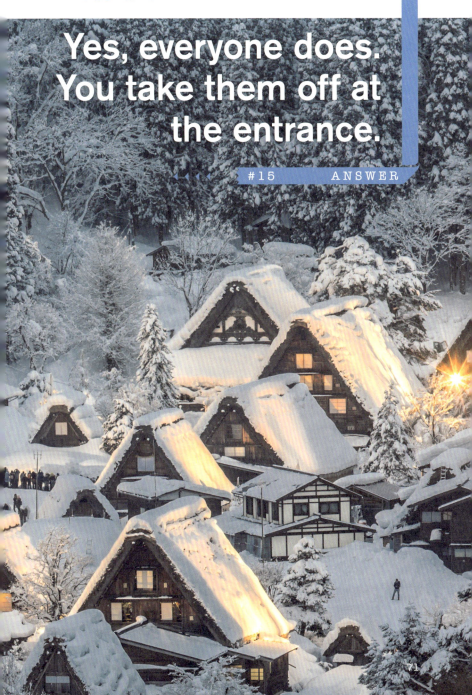

#15 日本人のきれい好き
それは世界の驚き

外国から帰ってくると、日本人の私たちでもどこもかしこもきれいなのに感動します。ましてや外国人にとってはびっくり仰天の事態。話題に上りやすいものの一つです。

☞ 次に聞かれたのはこんなこと

Question

Why are Japanese so clean?

日本人はなんでそんなにきれい好きなの?

Answer

We're taught how to clean from a young age.

小さい時から掃除を習慣づけられているからです。

靴を脱いでから上がるつくりになっている伝統的な日本の家では、床の上で食事をし、床の上に敷いた布団で眠ります。生活のほとんどすべてが床の上で行われると言っても過言ではありません。もちろん現代ではその中に欧米の生活が取り入れられ、テーブル、ベッドも用いられていますが、生活スペースをきれいに保とうという意識が芽生え、こまめに掃除をする習慣がついたのかもしれません。

さらにこんなことも聞かれました

Question
Does it cost money to use toilet in Japan?

日本のトイレもお金がかかるの？

Answer
You almost never have to pay to use a toilet. Restaurants often provide you with water and a wet towel for free.

お金が必要なところはほとんどありません。レストランに入った時も、水やおしぼりが無料で出てきます。

海外から帰ってくると日本のトイレのすごさに感動するでしょう。「宇宙船のコックピットみたい」とネタにされたりもします。特にウォシュレットを使う習慣は海外ではほとんどなく、外国人観光客にこっそり使い方を聞かれることもあるかもしれません。

雲南省の青空トイレ

中国の雲南省、山間部にある少数民族の方の家に行った時のこと。その家のお母さんが働く村の病院にお邪魔した。トイレに行きたくなったので案内してもらうと、病院の中庭の端に通された。そこにあったのは青空トイレ。一段高くなった足場はあるが、もちろんボットン。一応おとなりの人の便器との間には腰の高さまでの仕切りはあるが、それ以外には扉も目隠しもない（ここは病院……ですよね……？）。これまでの衛生概念が覆される出来事だった（しかもその後、病院の中庭ではバーベキューが行われた）。ちなみに中国のトイレは壁を向いて用を足すのではなく、入口側を向いて座るので次に来た人と100％目が合います。（奥村紫芳／30歳／会社員）

QUESTION #16

Can you make Sushi?
Do you eat Sushi everyday?

お寿司握れるの？ 毎日お寿司食べてるの？

#16 ANSWER

Not everyday. Many Japanese like sushi, but can't make it.
Sushi at a conveyor belt sushi restaurant starts at 100yen!

毎日は食べないけど、好きな人は多いです。
ほとんどみんな握れません。
回転寿司では100円で食べることができますよ!

この会話の続きは次のページ

#16 寿司と日本食

日本食について、こんなこと知ってる?

日本食は世界的に浸透し、海外でも日本食好きな人がとても増えました。
だからこそ、ちょっとだけディープなうんちくを教えてあげると喜ばれます。

☞ 次に聞かれたのはこんなこと

Question

It's normal to make noise when eating noodles?

どうして麺を食べる時に音を立てるの?

Answer

People say it's cool to make noise.

むしろ音を立てて食べた方が粋だといわれています。

音を立てて麺を食べることは下品なことだとする国が多いので、日本の文化では音を立てても構わないと教えてあげましょう。むしろ音を立てない方がヘンな印象を与えることもあります。日本食は、料理の温度が高いから、適温になるように空気と一緒に食べるのだという説もありますね。たしかに、西欧のスープは味噌汁よりもぬるいように感じます。

さらにこんなことも聞かれました

> Question

Can you make miso soup?

味噌汁作れるの？

> Answer

It's easy to make if you have miso!

味噌があれば簡単に作れるよ！

味噌汁は地域によってバリエーションがあり、土地柄が出ます。味噌の原料も米、麦、豆からといろいろです。オーソドックスな具は豆腐、わかめ、ねぎ。味噌汁でよく使われる豆腐やわかめ、麩、だしをとるための昆布や煮干しは海外で手に入らないことが多いですが、野菜と味噌さえあれば作ることができます（だしが入っていないと物足りなさを感じるかもしれませんが）。

油分をほとんど使わないので、カロリーが低く栄養価も高いのが魅力です。日本人にとって一番ホッとする味で、味噌のおかげで健康的な食生活を送っていると言っても過言ではありません。味噌汁を作ってあげた後、こんな質問をしても楽しいですね。「手軽にできるあなたの国の料理を教えて！(Teach me how to cook simple food from your country!)」

毎日米を食べてるの？ 米以外は食べない？

Do you eat rice everyday?
Do you eat anything else?

QUESTION　　#17　▶▶▶▶

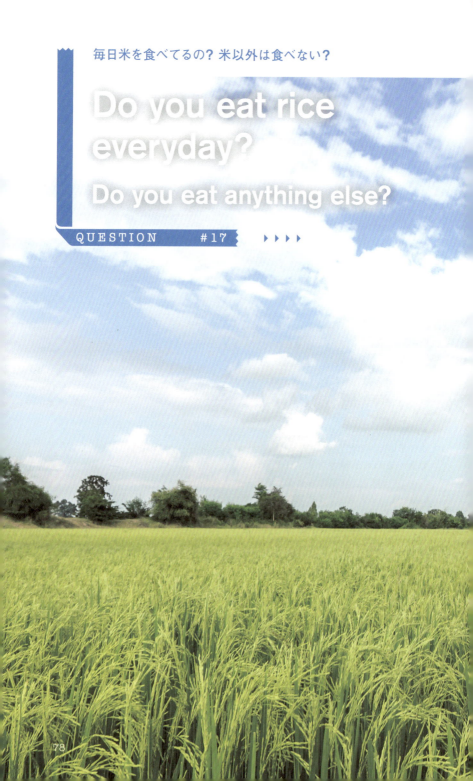

この会話の続きは次のページ

麺やパンを食べますが、圧倒的に米が多いです。

We eat noodles and bread, but rice is our staple food.

◀◀◀◀◀ #17 ANSWER

#17 ご飯と日本食
日本人の心、おふくろの味

日本食が有名になっても、聞かれがちな質問はあまり変わりません。
刺身や寿司以外にもおいしい日本食があることを教えてあげよう!

☞ 次に聞かれたのはこんなこと

Question

Do Japanese eat raw fish?

日本人は生魚を食べるの?

Answer

It's safe to eat raw fish in Japan because it's fresh.

日本の魚は新鮮なので生でも食べることができます。

海に囲まれた日本では昔から生魚を食べる機会が多く、鮮度を保ち食中毒を防ぐ効果のあるわさびや醤油のような調味料も生み出されてきたこと、また日本の衛生管理が徹底していることを説明し、安心して生ものを食べられる理由を教えてあげましょう。海外では生魚を食べる国は限られていますが、ペルーのセビッチェ、ハワイのポキ、韓国のフエなど、生魚を使う料理もあります。「あなたの国はどう?(How about your country?)」という質問から、その国では何が食べられているのか、あるいは何が食料としては忌避されているのかなど、食文化の興味深い違いを学ぶことができます。

さらにこんなことも聞かれました

Question

What is popular, home-cooked local food in Japan?

日本のローカルフード、家庭料理はなんですか？

Answer

It depends on where you live, but "nimono (stews)" are common home food.

地域や家庭によって違いますが、
たとえば煮物は「おふくろの味」とされています。

日本の家庭では、チャーハンや餃子などの中華料理のほか、カレーやハンバーグなど「洋食」と呼ばれる西欧の料理を独自にアレンジした料理が出されます。煮物や味噌汁など伝統的な日本食ではなくても、そういうものも「懐かしい故郷の味／お母さんの味」と考えている人が大勢いることを説明しても面白がってくれるのではないでしょうか。「あなたにとってのお母さんの味はどんな料理？（What kind of food tastes like home for you?）」と聞いてみましょう。

Episode: ネパールでふるまったカレーと鍋

ネパールにボランティアに行った際、ホームステイをしました。日本から持っていったカレーと、「プチっと鍋（鍋の素）」は大好評！ホームステイ先の子どもたちふたりは、私の料理アシスタントになってくれ、買出しから調理まで全力で手伝ってくれました。買出しは近所の路面店で。麺を仕入れて、そうめんのようなものができました。また、カレーが主食のネパールですが、日本のカレーもとっても気に入ってくれました。ネパールでは毎日必ず起きる停電ですが、真っ暗ななか携帯のライトをつけて、みんなでお料理をしたのがいい思い出です。他にも、日本食ではないですが、「パンケーキが食べてみたい！」と言うイマドキ女子のファミリーのために、市場で小麦粉を仕入れみんなでパンケーキも作りました。（石原夏果／26歳／会社員）

Rice and Other Japanese Foods

QUESTION #18

Can all Japanese use chopsticks?

日本人ってみんなお箸を使えるの？

82

#18 ANSWER

Yes. We start practicing from about 2 years old.

はい。2歳頃から練習しはじめます。

この会話の続きは次のページ

#18 いただきます!
ご飯を食べられる感謝と食材

食卓というのは、その国の文化が色濃く出る場所の一つ。
「いただきます」の言い方一つにも発見があります。

☞ 次に聞かれたのはこんなこと

Question

What does *Itadakimasu* mean?

「いただきます」ってどういう意味なの?

Answer

It expresses appreciation towards the people who made the food.

食事の前に食物や作ってくれた人に感謝の気持ちを表す日本語です。

キリスト教徒の食卓で見られる食前のお祈りは、「神様」への祈り。私たちが思い浮かべるのはご飯を作ってくれた家族だったり、お店、食材を育ててくれた農家など。感謝する相手が違うことにも注目。

TiPS 英語豆知識

◎「いただきます」
1. Let's eat! ＝さあ、食べよう!
2. Let's enjoy this meal. ＝食事を楽しみましょう。
3. It looks delicious. Let's eat. ＝おいしそうだね。食べよう!
4. Let's dig in. ＝食べましょう!

◎「ごちそうさまでした」
1. That was delicious! ＝おいしかったです。
2. I'm full. ＝お腹いっぱいです。
3. I'm done. ＝もう食べられません。
4. That was tasty. ＝おいしかったです。

さらにこんなことも聞かれました

> Question

Have you ever eaten natto? What is that?

納豆って食べたことある？ あれは何？

> Answer

It's fermented soybeans. It's a divisive food, but it's good for your health!

ディヴァイシヴ

大豆を発酵させたものです。
好き嫌いはあるけれど、身体にはいいんだ！

海外の人が気になる日本食。納豆は有名ですが、鯨の肉や生魚、海藻など海外の人からすると、「え！そんなもの食べるの!?」と思う食材も。特に、海苔を食べて消化できるのは日本人だけという説もあるようですから、おすすめする場合は注意しよう。

TIPS 英語豆知識

日本食の食材は、こういうふうに説明したり言ったりすることができます。

わかめ…seaweed
海苔…laver（レイヴァー）
たこ…octopus
ごぼう…burdock
卵かけご飯…rice with raw egg
馬刺し…horse-meat sashimi

日本の有名なお酒ってなに？

What alcohol is famous in Japan?

QUESTION   #19 ▶▶▶▶

この会話の続きは次のページ 👉

日本酒、焼酎、梅酒が有名です。

Sake, shochu and plum wine are particularly popular.

◀◀◀ #19 ANSWER

ロシア人のカップルと飲んで千鳥足

Episode

ギリシャのサントリーニ島でサンセットクルーズに参加したら、前の日にイアで出会ったカップルと再会しました。カップルたちはロシアから来たということもあり、酒を飲む量も桁外れ。ふたりが持ち込んだビールを飲んだ後はクルーズ中に振る舞われるワインにも手を出して、美味しすぎておかわりしてしまい……船から降りた頃は千鳥足の状態でした。「ロシアの人と飲む時は覚悟しよう」と肝に銘じた日でした。
（塚本麻衣／28歳／銀行員）

#19 日本のお酒

Sake だけじゃない!

居酒屋でわいわいやるのも立派な文化。
外国の飲酒文化について尋ねると盛り上がります。

 次に聞かれたのはこんなこと

Question

**Do Japanese drink a lot?
From what age can you drink?**

日本人はよくお酒を飲むの? 何歳から飲めるの?

Answer

**I think we drink often.
Alcohol is legal from age 20.**
(リーガル)

よく飲む方だと思います。二十歳からです。

日本ではこんなお酒が飲まれています。

<焼酎／ Shochu >　　　　<ウイスキー／ Whisky >

いいちこ　　霧島　　　　　　山崎
Iichiko　　Kirishima　　　　Yamazaki

<日本酒／ Sake >　　　　<梅酒／ Plum wine >

八海山　　獺祭　　　　　　チョーヤ梅酒
Hakkaisan　Dassai　　　　　Choya umeshu

さらにこんなことも聞かれました

Have you been to *Izakaya*?
What do you eat there?

居酒屋に行ったことがある？ そこでは何が食べられるの？

Many people start going after entering college. They serve typical Japanese food!

大学生になると皆よく行くようになります。
日本の定番料理がいろいろ出てくるよ！

日本の定番居酒屋メニュー5選！

◎枝豆（Edamame）：
ビールのおとも（It goes well with beer.）。

◎鶏唐揚げ（Fried chicken）：とりあえず注文する揚げ物の代表（It's typical to order fried food first.）。

◎たこわさ（Takowasa）：生たこにピリッと効かせたわさびが特徴（Raw octopus seasoned with wasabi）。

◎ポテトサラダ（Potato Salad）：
旅人が海外でも作りやすい一品（Simple dish for travelers to cook abroad.）。

◎漬物（Tsukemono）：日本を代表するピクルス
（Pickled vegetables that are a staple Japan.）。

QUESTION　　#20

Does everyone like Karaoke in Japan?

日本人ってみんなカラオケ好きなの?

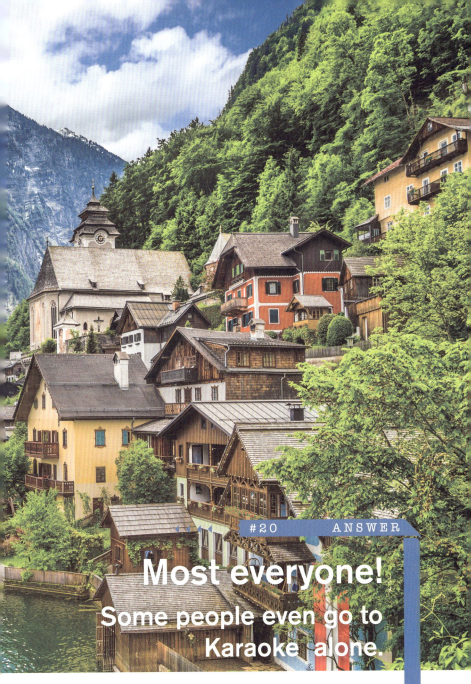

#20 ANSWER

Most everyone!
Some people even go to Karaoke alone.

好きな人が多いです。
一人でカラオケに行く人もいます。

この会話の続きは次のページ

#20 アニメ、マンガ、カラオケ
世界共通言語となった日本文化

最初に世界共通言語になった日本文化がカラオケ。世界中で愛されているアニメやマンガと共通しているのは、知らない者同士を仲良くさせること。同じ歌や作品が好き同士なら、外国人でもすぐに仲間になれます。

次に聞かれたのはこんなこと

Question

What kind of anime do you like?

何のアニメが好き？

Answer

***ONE PIECE* is my favorite and it's popular in Japan, too!**

私が好きなのは『ワンピース』。日本でもやっぱり人気があります！

ONE PIECE
（尾田栄一郎／集英社）

ドラゴンボール
（鳥山明／集英社）

Naruto －ナルト－
（岸本斉史／集英社）

ポケットモンスター
（日下秀憲＋真斗／小学館）

美少女戦士
セーラームーン
（武内直子／講談社）

DEATH NOTE
（大場つぐみ＋小畑健／集英社）

千と千尋の神隠し
（監督・宮崎駿／ウォルト・ディズニー・ジャパン）

さらにこんなことも聞かれました

Question

Do you like Hello Kitty?

ハローキティは好き？

Answer

I love it!

大好き！

日本には地域限定の「ご当地キティ（Regional Kitty）」もいて、3,000種類以上ものキティちゃんがいます。「仮面ライダー」や「ウルトラマン」など、昔は子ども向けだったキャラクターも、現在では子ども以上に大人にも人気があります。「日本人はどうしてキャラクター好きなの？」と続けて尋ねられることもあるかもしれません。浮世絵の昔から、視覚表現に敏感な文化なのかもしれません。マンガやアニメーションがこれだけ発達したことも、それと何か関係があるのでしょう。右の本は『マイ・ラブ・キティ 40TH ANNIVERSARY』（飛鳥新社）。

Episode

アニメイベントで知り合ったフランス人たちと友だちに

10年ほど前に、フランスの小さなアニメイベントに遊びに行きました。日本人は私だけしかいなかったため目立ったのか、現地の中学生の女の子に「日本人ですか!?」と日本語で声をかけられ仲良くなり、その子の友だちの小中学生のオタクたちとイベントをまわりました。当時人気だったナルトのポーズをしてみんなで写真を撮ったり、エヴァンゲリオンの主題歌をカラオケゾーンで歌ったりしました。今ではすっかり彼らも大人になりましたが、相変わらずみんなオタクなので、日本に旅行に来たり留学に来たりするたびに、一緒に秋葉原や池袋で遊んでいます。
（西出春萌／28歳／会社員）

富士山に登ったことがありますか?

Have you climbed Mt. Fuji?

QUESTION #21 ▶▶▶▶

この会話の続きは次のページ

生きているうちに登りたいと思ってる人はたくさんいます！

Many people want to climb it before they die.

◀ ◀ ◀ ◀ #21　　ANSWER

#21 日本人と富士山
日本のシンボルと四季の楽しみ方

日本に古くから伝わる四季を楽しむためのならわしは、
外国の人にとってはとても神秘的。気軽に楽しめるものから説明してあげよう。

☞ 次に聞かれたのはこんなこと

Question

Why do Japanese like Mt. Fuji?

どうして日本人は富士山が好きなの？

Answer

It's the tallest mountain in Japan and has become the symbol of the country.

日本一高い山で、日本の象徴のようなものだからです。

高さは3,776m、世界文化遺産に登録されています。成層火山の特徴であるその均整のとれた美しい姿から、古くから霊峰として信仰の対象となってきました。特に江戸時代の中期には関東地方を中心に「富士講」がはやり、多くの巡礼者たちが訪れたことで知られています。また、富士山を題材とする浮世絵や和歌をはじめとする数多くの芸術作品も生み出されてきました。最後に噴火したのは1707年のことです。

さらにこんなことも聞かれました

What is *Hanami*?

花見って何なの?

Answer

It's an event to enjoy cherry blossoms. You get together with coworkers and friends and drink under the cherry blossom trees!

職場のメンバーや友人と集まり、お酒を飲んだり会話を楽しんだり、桜が咲く時期に儚い情緒を楽しむために始まった娯楽です。

日本では季節を楽しむための行事がたくさんあります。

◎春:「ひな祭り」
3月3日の桃の節句。雛人形を飾って女の子の健やかな成長を願います。

◎夏:「土用の丑」
立秋直前の約18日間は、夏の暑さの一番きびしい時期です。「土用の丑には鰻を食べる」という習慣は、江戸時代に始まったといわれます。

◎秋:「十五夜の月見」
秋の実りに祈りを捧げるイベント。古来、水面に映る美しい月を眺めたり杯に月を映したりして楽しんでいたといわれます。

◎冬:「節分」
季節の変わり目は、邪気の入りやすいタイミング。そこで魔除けの行事として行われるようになったのが、節分の豆まきの始まりです。

(参考文献:白井明大著「暮らしのならわし十二か月」)

Episode

写真を撮ってもらうと……

旅先で写真を撮ってもらうことが多いのですが、外国人に撮影をお願いすると（特に欧米人は）、だいたいにおいて「そこに人物を入れる？」というところに人物を入れたり、肝心の建物が入ってなかったり思いきり歪んでいたり……。英語で伝えたとしてもなかなか思ったように撮ってもらえない。そんな経験をしたことがある人は多いはず。なので、写真を撮る時はできるだけ欧米の方は避けて、写真にこだわる人が多い日本人もしくはアジア人に声をかけるようにしていました。
（中美砂希／34歳／会社員）

QUESTION　#22　▶▶▶▶

Why does everyone make a peace sign when taking a picture?

写真を撮る時、どうしてピースサインするの?

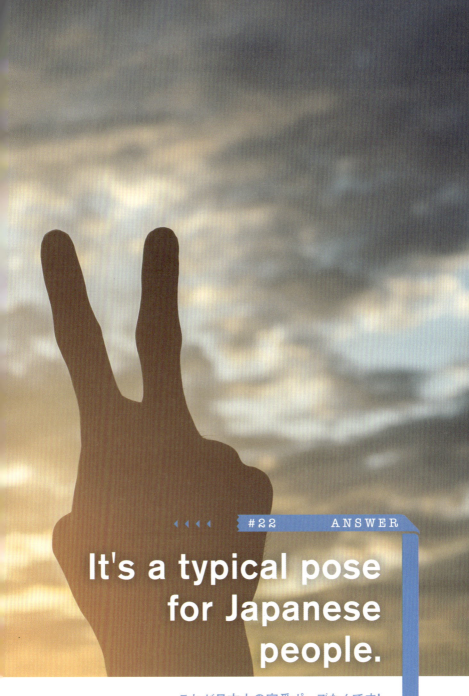

#22 ANSWER

It's a typical pose for Japanese people.

これが日本人の定番ポーズなんです!

この会話の続きは次のページ

"Peace!"

#22 ピース!
日本人と写真とカメラ

旅と写真は切っても切れないもの。そしてカメラを首からぶら下げている姿は、ひと昔前まで海外のメディアなどでよく目にした日本人のイメージ。写真を撮っているといろいろ聞かれます。

日本での生活

日本人の定番である「ピース」サイン。かつてカメラのCMの中で俳優が「ピース!」という言葉とともにピースサインをしたことから世の中に広まったといわれており、写真を撮る時だけではなく、喜びや楽しさを表すポーズとして定着してきました。

世界各国でピースが使われているわけではなく、ピースサインが逆にネガティブになってしまう国もあります。たとえばギリシャでのピースサインは「くたばれ」と相手を侮辱する意味がありますし、イギリスでの裏ピースサインは性的侮辱の意味があります。

ピースサイン以外だと、親指を立てる「サムズアップ」も写真撮影の際によくやりがちですが、中東の国や地中海付近の国では性的にからかったりとても下品な意味になるので注意しましょう。

また、写真を撮られると魂を抜かれると考え抵抗がある国の人々もいるので、必ず人物を撮影する時は一声かけてからにしましょう。

☞ 次に聞かれたのはこんなこと

Next Question

Question

Why do Japanese people take so many pictures?

なんで日本人はそんなに写真を撮りたがるの？

Answer

We like to save memories in photos!

思い出を写真に残すのが好きなんです。

100   "Peace!"

運動会や学芸会のようなイベントごとなど、小さい時から写真を撮ったり撮られたりする機会がたくさんあります。また旅先でたくさんの写真を撮るのは、帰国してからも旅先の余韻に浸ったり、日本で待っている家族や友人に海外はこんな場所だよ！って見せたいという気持ちからです。でもよく考えると、ここにも日本文化に特有な視覚的なものにこだわる側面が出ているようですね。

北朝鮮でピース！

Episode

単独で北朝鮮へ行った時のこと。北朝鮮国内にいる時は、必ず現地ガイドを常に同伴しなければならず、その人と万寿台大記念碑に行き、ニュースでお馴染みの某指導者ふたりの像と記念写真を撮るべく、ピースポーズをしたらガイドに凄い剣幕で「そのポーズはダメ」と言われました。あとで何故なのか聞いたところ、指導者像は北朝鮮の人々が崇拝すべき偉大なものだから、外国人であっても馴れ馴れしくしてはいけない、とのことでした。悪い意味で使うピースサインがダメ、というのではなく思想上の理由でダメというのは、北朝鮮ならではの、初めての経験でした。（坂口大貴／21歳／大学生）

> **TiPS 英語豆知識**
>
> **写真を撮る時に知っておきたい英語**
> - 写真を撮ってもらえますか？
>   Can you please take a picture of us/me?
> - 写真を撮ってもいいですか？
>   Can I take a picture?
> - 一緒に入って欲しいです!
>   Can I get a picture with you?
> - あの建物を入れてください。
>   Please take a picture with that building in the background.
> - 縦（横）位置でお願いします。
>   Please take it vertically（ヴァーティカリー）（horizontally（ホリゾンタリー））.

日本人ってどうしてそんなに親切なの？

Why are Japanese so nice?

QUESTION   #23   ▶▶▶▶

この会話の続きは次のページ

困っている人を見かけたら助けなさいって
おばあちゃんに教えられました。

Our grandmothers always tell us to be nice and help people when they are in trouble.

#23　ANSWER

#23 日本人と礼儀作法

どうしてそんなに行儀がいいの?

日本人は礼儀正しいというイメージのおかげで、海外でも人から信用され助けられることがよくあります。集団行動と表裏一体となって、不思議がられるポイントにも。

☞ 次に聞かれたのはこんなこと

Question

Why are Japanese so well-mannerd?

日本人はどうして礼儀正しいの?

Answer

We have a high regard for old traditions.

昔から礼儀を重んじる文化だからです。

実はよく聞かれる質問の一つです。電車を律儀に並んで待つ姿、落し物があれば警察に届けること、震災の時は奪い合うのではなく分け合っている姿などがメディアを通して伝わり、驚かれています。ひと言で答えるのは難しい質問ですが、「昔から義理と人情を大切にする日本人。困った時はお互い様、という気持ちが心の中に潜んでいるのが日本人なんです」といったところでしょうか。茶道の裏千家には、お茶の心を表す言葉として「利休七則」というものが伝わっています。

📖 **利休七則**

- 茶は服のよきように(心をこめる)
- 炭は湯の沸くように(本質を見極める)
- 夏は涼しく冬は暖かに(季節感を持つ)
- 花は野にあるように(いのちを尊ぶ)
- 刻限は早めに(心にゆとりを持つ)
- 降らずとも雨の用意(やわらかい心を持つ)
- 相客に心せよ(互いに尊重し合う)

裏千家HPより

さらにこんなことも聞かれました

Question

Why do Japanese people like to be in groups?

日本人ってなんでよく集団・グループで行動してるの?

Answer

We put a lot of value in being part of a team or group.

組織やチームを大切にするからです。

農耕社会だった時代から、集団で作業をしていく中で和を乱しルールを守らない人は「恥」だとされてきた日本。その文化がずっと残っているためか、個人よりも組織で動くことが重要視されています。残念なことに、集団から外れて目立つことで敵視され、それがいじめに繋がってしまうこともあります。学校生活ではグループで行動し、旅行でもグループ行動が多く、グループに属していれば安心という感覚が根付いてしまっているのでしょうか。

Episode

旅の大先輩の残した痕跡をリスペクト

ヨーロッパとアジアの狭間に位置するトルコ。時代を超えて様々な物や人が行き交う。イスタンブールのエジプシャンバザールには、きらびやかなモザイクランプに値段表記のない絨毯、甘い匂いの立ち込めるチャイ屋が並び、歩けば方々から声を掛けてくる。「ジャパン? コリア?」はよくある話。「だっちゅーの」と言ってくる恰幅のいいおじさんには思わず笑ってしまう。ひと昔もふた昔も前のギャグをトルコで聞くとは思わなかった。旅の大先輩が教えたのだろう。日本から遠く離れた場所に残る旅の遺産、今の流行りに上書きせずに笑顔で別れを告げた。
(吉野聡子／26歳／デザイナー)

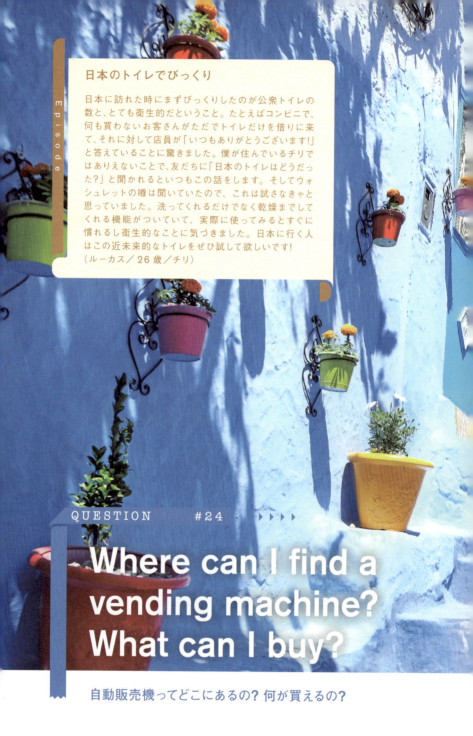

Episode

日本のトイレでびっくり

日本に訪れた時にまずびっくりしたのが公衆トイレの数と、とても衛生的だということ。たとえばコンビニで、何も買わないお客さんがただでトイレだけを借りに来て、それに対して店員が「いつもありがとうございます！」と答えていることに驚きました。僕が住んでいるチリではありえないことで、友だちに「日本のトイレはどうだった？」と聞かれるといつもこの話をします。そしてウォシュレットの噂は聞いていたので、これは試さなきゃと思っていました。洗ってくれるだけでなく乾燥までしてくれる機能がついていて、実際に使ってみるとすぐに慣れるし衛生的なことに気づきました。日本に行く人はこの近未来的なトイレをぜひ試して欲しいです！
（ルーカス／26歳／チリ）

QUESTION　　#24　▶▶▶▶

Where can I find a vending machine? What can I buy?

自動販売機ってどこにあるの？ 何が買えるの？

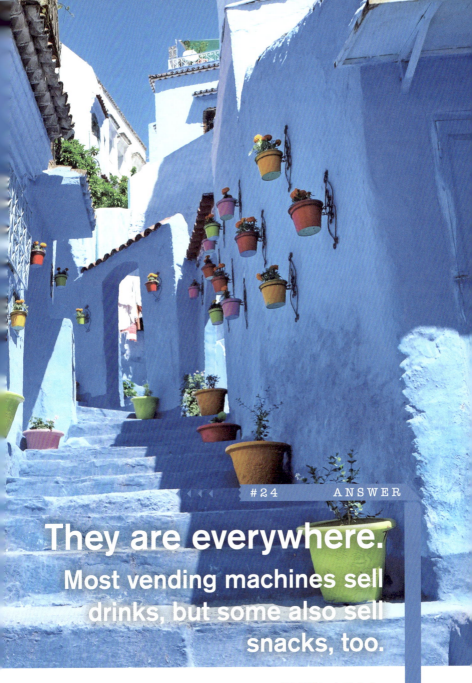

#24 ANSWER

They are everywhere.
Most vending machines sell drinks, but some also sell snacks, too.

至る所にあります。
ドリンクがメインですが、お菓子なども買えます。

この会話の続きは次のページ

#24 メイド・イン・ジャパン
ちょっとしたものの細やかさ

海外の人には、日本の街中で見かけるほんのちょっとしたものの細工の細やかさに驚かれることがよくあります。工業製品だけでなく、折り紙のように手先の器用さが求められるものの中にも、そんな日本らしさがつまっています。

次に聞かれたのはこんなこと

Question

Why are all product made in Japan such high quality?

日本のものはどうしてそんなに全部クオリティが高いの?

Answer

They put a lot of importance on the details.

細部にこだわりを持って作っているからです。

自動販売機のように、温かい飲み物と冷たい飲み物が一緒の機械に入っていることも海外の人からするととても不思議なようで、日本のクオリティは今でも海外で絶賛されています。日本のものづくりでは、どうすれば便利で使いやすいか、喜んでもらえるかという消費者の気持ちを考える時間をまず多く取るところからスタートします。途中で諦めることなく、改善に改善を重ねて、より良い商品に仕上げていきます。根気強い日本人の性格も長らく日本の製品技術の向上を支えてきたのではないでしょうか。「メイド・イン・ジャパン」ブランドには、下記のようなものがあります。
Canon、Nikon、HONDA、SONY、TOYOTA、任天堂、UNIQLO など。また、最近のヒット商品ではフリクションペンなど。

さらにこんなことも聞かれました

Please make me something with *origami*!

折り紙で何か作ってみて!

Let's make it together!

一緒に作ってみよう!

折り紙で折った代表的なもの

かぶと(War Helmet) 　ふね(Ship) 　つる(Crane) 　まり(Ball)

つるの折り方

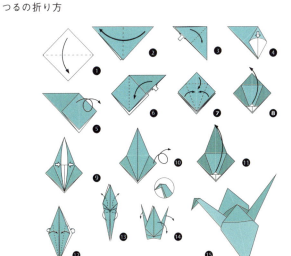

みんなの好きな日本食

海外でさっと作れるレシピ集

その国の文化が凝縮されているものの一つが料理。各国からの旅人が集まったり、現地の人にお世話になったときに、手に入る材料で日本食をつくってあげるととても喜ばれ、会話の幅もぐっと広がります。

鍋でのご飯の炊き方

①蓋付きの鍋に小さなコップ1杯分の研いだお米を入れて、同じ分量の水を入れる。（米：水 =1:1）
②水を入れたまま火にかけずに5～20分置いておく。
③蓋をして強火で小さくプツプツ音がしてくるまで（沸騰する前）火にかける。
④沸騰する直前で弱火にし、そのまま15～20分待つ。
⑤湯気が出てこなくなったら火を止め、10分間蒸らして完成。

手巻き寿司

材料：魚介類（サーモン、マグロ）、アボカド、ツナ、マヨネーズ、卵、のり（アジア系のスーパーで手に入ります）、巻きす、米酢（なければワインビネガー）、わさび（あれば）

基本、お好みの具材で大丈夫！
①魚や野菜は巻きやすいように細切りにしておく。
②マヨネーズとツナを混ぜてツナマヨに。
③卵は薄く焼いて錦糸卵をつくる。
④すし酢をつくる。（米酢かワインビネガー：大さじ5、砂糖：大さじ2、塩：小さじ2）
⑤巻きすの上にのりをのせ、ご飯を薄く広げて手前に具材を並べて巻いていく。

カレーライス

材料：ジャガイモ、人参、玉ねぎ、好みの肉（宗教によっては食べられる肉の種類が異なるので要注意）、ルー
① ジャガイモ、人参、肉は一口大に、玉ねぎはスライスしておく。
② 油を引いた鍋で肉を炒め、焼き色がついたら一旦取り出す。
③ 玉ねぎを飴色になるまで炒める。
④ その中にジャガイモ、人参、肉を戻し入れて具材が浸るぐらいまで水を入れ、中火で煮込む。
⑤ 野菜が柔らかくなってきたら、一旦火を止めてルーを溶かしいれる。
⑥ 再びとろみがつくまで弱火で煮込んで出来上がり。

ポテトサラダ

材料：ジャガイモ、玉ねぎ、ハム、きゅうり、マヨネーズ、塩こしょう
① ジャガイモは一口大の大きさに切っておく。玉ねぎは繊維に沿ってスライスして水にさらしておき、きゅうりは輪切りに、ハムは千切りにする。
② 電子レンジがあれば、耐熱皿にジャガイモを入れてふんわりラップをかけて500Wで6分程度加熱。レンジがなければジャガイモが柔らかくなるまで茹でる。
③ ②が完成したら、マヨネーズと塩コショウで味を整えて完成。

Episode

やっぱりやみつき。ソースにはまっちゃう!?

カンボジア人と初めてお好み焼きに挑戦！ お店の人に作ってもらって食べた後、それを見よう見まねで作ってくれた彼。しかし、一つだけ不思議なことが。ソースとマヨネーズを塗ってくれない。なぜ!? と思って聞いてみると、衝撃の事実。ソースが濃すぎて好きじゃない、と。たしかに、カンボジアでも似たようなものがあるけれど、ソースじゃなくてスープみたいなのと一緒に食べるために味が薄い。そのため、ソースが濃く感じたよう。結局、現在はソースにはまり、マヨネーズにもはまってます。（山内理智／28歳／ハーバリスト）

CHAPTER three

Communicating with Japanese

日本語と日本人とのコミュニケーション

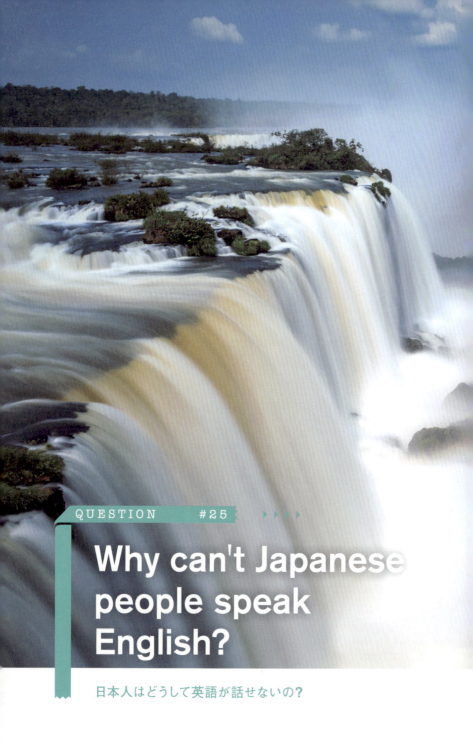

QUESTION   #25   ▶ ▶ ▶ ▶

Why can't Japanese people speak English?

日本人はどうして英語が話せないの？

#25　ANSWER

Japan is mostly only Japanese people so we don't have many chances to speak English.

日本は日本人ばかりなので、
英語を話す機会がなかったのです。

#25 日本人と英語
気持ちは意外と通じるもの!

英語はあくまでコミュニケーション手段の一つ。言葉以外にもいろんなものを駆使すれば、意外と楽しくおしゃべりできます。間違いを怖れず試してみよう!

☞ 次に聞かれたのはこんなこと

Question

Do Japanese people only speak Japanese?

日本人は日本語しか話すことができないの?

Answer

Yes, most people. How many languages can you speak?

ほとんどの人がそうです。あなたは何カ国語話せますか?

日本にはアメリカやヨーロッパなどに比べると外国人(移民)が少なく、外国語を話す機会がなかなかないこと。小学校から英語の授業があるけれど読み書きをメインに勉強することが多く、スピーキングが苦手な人が多いことを説明してみよう。突然英語で話しかけられると、「ノーイングリッシュ!」と返してしまう気持ちはわかりますが、実は旅ではそんなに丁寧な英語を話す必要はありません。伝えようとする気持ちを大切に、知っている単語やジェスチャーで相手とおしゃべりしてみましょう。きっと彼らも会話をしてくれようとすることに喜んでくれると思います。他の国々の人はどのくらいの数の言語を話せるのでしょうか?

さらにこんなことも聞かれました

In Japan, from what age do you start studying English?

日本では英語は何歳から勉強するの?

Answer

These days we start studying from elementary school.

最近では小学校から勉強するようになりました。

英語を学ばせたい！と思う親は多く、0歳児から学ぶ英会話教材などもあります。義務教育で勉強する英語はテキストベースのものがメインですが、ネイティブの先生に教わることもあります。ただ日常的に使う機会がなく、英語で会話するのが苦手です。英語が第一言語ではない国の人に出会ったら、「どうやって英語のスピーキングを練習したの？(How did you practice speaking English?)」と聞いてみよう。

Episode

私が心の中でガッツポーズする瞬間

私が、留学中に英語が上達してるな、と感じた瞬間は初めて夢の中の会話が英語だった時です。目が覚めた時に「おお……！夢の中で英語で喋ってた……！」と感動したのを今でも覚えています。また、日本に帰国後、「ありがとう」や「ごめんなさい」と言う場面で自然と「Thank you」や「Sorry」が出てしまった時も、その瞬間は海外かぶれみたいで恥ずかしいですが、同時に英語が日常に浸透してきている証拠でもあると思うので、心の中では小さくガッツポーズしています。（平出拓郎／27歳／エンジニア）

日本人はどうして無口なの？

Why are Japanese people so shy?

QUESTION　　#26　　▶▶▶▶

この会話の続きは次のページ

自分のことをあまり話さない国民性なんです。

It is part of our culture to not talk about ourselves(アワセルヴズ) too much.

#26　ANSWER

#26 日本人の奥ゆかしさ

日本人はよそよそしい？

日本的な奥ゆかしい礼儀正しさは、海外の人からも美徳と見られています。海外の旅人と接する時には、思い切ってその中から一歩踏み出してみましょう！

次に聞かれたのはこんなこと

Question

Why don't Japanese people hug?

なんで日本人はハグしないの？

Answer

Because it is a little embarrassing(インバラシング) for us.

照れ臭いんです。

欧米ではハグは挨拶のしるし。でも、日本にはその文化はありません。日本では、ハグよりも握手や深いお辞儀をするのが一般的で周囲の目を気にする人も多いため、挨拶のハグもそうですが、キスなどパートナーとの愛情表現も公共の場では控えめ。集団行動を好む日本人なので、多くの人がハグをし出したら「みんながやっているからしよう」というふうに変わっていくかもしれません。

さらにこんなことも聞かれました

Question

Why do Japanese people bow so many times when meeting someone?

日本人はどうしてよく人と会った時にペコペコしているの?

Answer

Bowing is a way to greet someone in Japan.

お辞儀は日本人の独特の挨拶です。

日本人のお辞儀は、人と会った時の挨拶、お礼や謝罪の気持ちなど様々な意味を持っています。
社会人になると、相手よりも先に頭を上げないというルールもあって、相手の頭が下がっていたらもう一度自分も下げ直さなければいけません。結果として、ペコペコが続く光景が生まれるのでしょうか。冷静に考えると不思議な風景ですね。

Episode

僕はハグが好き

日本人がハグしないことは悪いことだとは思わないけれど、文化だから受け入れることにしています。だから僕はハグが好きだけど、僕からハグするのは控えています。アメリカは土地が広く、近くに人が住んでいても、家と家の間は離れています。なので必然的に、人と関わりたいという気持ちから、スキンシップやハグが多くなるんだと思っています。日本人はもともと隣の人や家族と近い距離で住んでいるので、わざわざスキンシップやハグはする必要ないのではないかと思います。(キャメロン/25歳/アメリカ出身)

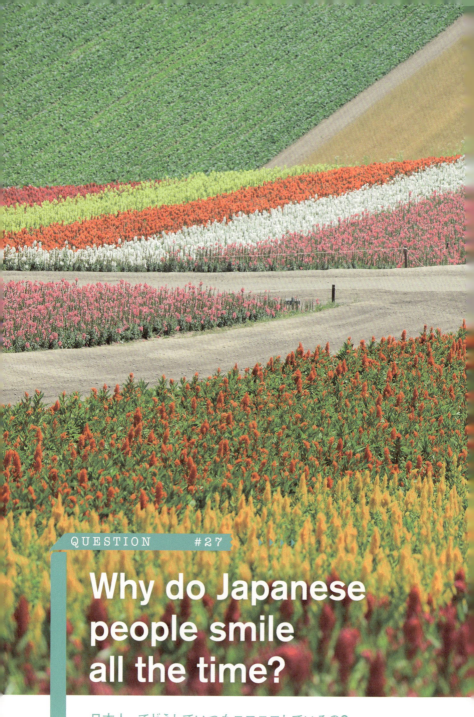

QUESTION #27

Why do Japanese people smile all the time?

日本人ってどうしていつもニコニコしているの?

#27 ANSWER

Because we care about living in harmony with other people.

周囲との調和を大切にしているんです。

この会話の続きは次のページ

#27 いつもニコニコ
"微笑みの国"、ニッポン

Always Smiling

遠慮がちにするというのは日本人にとっては美徳ですが、ご存じのとおり海外ではむしろ逆のことも。気持ちを積極的に伝える方が海外の人とのおしゃべりは弾みます。

日本人のコミュニケーション

☞ 次に聞かれたのはこんなこと

Next Question

Question

Japanese don't express their intentions. Do you ever say no?

日本人って意思表示しないよね？ No って言うことあるの？

Answer

We care about other people's feelings, so it's difficult to say no sometimes.

ほかの人の気持ちが気になって、なかなか言えません。

日本は協調性を大切にする国民性。また日本人の遺伝子には心配性の人が多いという結果が報告されており、発言してこう思われたらどうしよう、主張しすぎて嫌われてしまったらどうしようという不安からなかなか本音を言えない傾向があります。そのため、「ぼちぼち」「まぁまぁ」といった、はぐらかすような曖昧な日本語も多いのです。

日本人女性は海外でモテてしまう

返事が曖昧、ニコニコして相手に勘違いさせる、レディファーストという対応に慣れていない、などの理由から日本人女性は簡単に落とせてしまう、というイメージが広がっているようです。特に海外の人からすると、笑顔は誘いへのOKサイン。相手を傷つけないか、断ったら申し訳ないかな、という日本人ならではの優しさは時に悪用されることもあるので、嫌なことにははっきりと「NO」を。たとえ相手がいないとしても、「結婚している (I'm married.)」「彼氏がいる (I have a boyfriend.)」「待ち合わせをしている (I'm waiting for someone.)」と断りましょう。ダミーの指輪をしておくのも手段の一つです。

Episode
ベトナムでもてなされまくりました

ベトナムを訪れた時のこと。知り合いがいる場所に遊びに行くと、外国人の女性が来たということで、会った瞬間から周りがザワザワ。一緒に写真を撮ろうとスマホを向けられたり、ローカルなお店に飲みに連れて行ってくれたり。食事中は料理はすべて取り分けてくれるし、春巻きのようなものを巻いて作ってくれたりして、とても手厚い扱いをしてくれました。夜は花火に連れて行ってくれたり、休みの日は海やホイアンに連れて行ってくれたり、たくさんの男性にもてなされて楽しい時間になりました(笑)。(内海有祐美／28歳／会社員)

日本語で「Thank you、Hello、Good bye」はなんて言うの?

How do you say "Thank you", "Hello" and "Goodbye" in Japanese?

QUESTION #28 ▶▶▶▶

この会話の続きは次のページ 👉

「ありがとう、こんにちは、さようなら」です。
「可愛い、やばいとか」という言葉も
よく若い日本人は使いますよ！

"Arigato", "Konnichiwa" and "Sayonara".
Young people often use words like *"Kawaii" and "Yabai"*.

#28　ANSWER

#28 日本の挨拶
なにげない日常風景での言葉

いつもなにげなく使っている挨拶言葉ほど、外国の人には何て言ったらいいのかな?と迷うもの。対応する言葉が全部あるわけではありませんが、ちょっと調べておくと便利です。

☞ 次に聞かれたのはこんなこと

Question

What does *"moshimoshi"* mean?

「もしもし」って何?

Answer

It's a greeting you use when answering the phone. It means "Hello".

電話で話す時の挨拶です。「hello」と同じような意味合いです。

電話で話す「もしもし」。実は、江戸時代に使われていた少し丁寧な呼びかけ言葉「申し」が語源です。電話が開通した当時は「おいおい」など言葉が一定していませんでしたが、そのうち電話交換手の人たちが丁寧な言い方として「申し上げます」と言い始めたのをきっかけに、「申し」が短く重ねて使われるようになったといわれています。ちなみに、外国人もよく知っている別れの挨拶、「さようなら」はもともと「左様なら」、つまり「そういうことなら」という意味の言葉から来ています。外国人の作家の中には、「そういうことならしかたありませんね」というニュアンスを感じ取り、そこには日本文化の美しさが見られると書いた人もいます。

TiPS 英語豆知識

「他に覚えておいた方がいい日本語を教えて!」と聞かれることもあります。

- 乾杯＝ Cheers!
- ごちそうさま＝ Thank you for a delicious meal./ I'm finished. / That was great.
- まじ？＝ Really?
- やばい、すごい＝ Awesome, Whoa.
- ○○をください＝ Please give me＿＿.
- わかりません＝ I don't know.
- いくらですか＝ How much is this.
- どこですか＝ Where is it?
- どうも＝ Thanks.
- 可愛い＝ Cute / Pretty.

「How are you?」と「ごちそうさま」

スワジランドでの話です。だいたい海外での挨拶は、笑顔で「Hello.」の一言だけ。でもスワジランドでは、すれ違う人と挨拶する時「Hello.」の後に必ずと言っていいほど「How are you?」と続きます。これは他の国には無かった！「How are you?」と続くことで、ただすれ違うだけだったはずの相手とコミュニケーションが取れます。日本では、すれ違うだけの相手と挨拶することすらないので、このスワジランドの挨拶の風習はすごく素敵だと思いました！

でも、日本にも素敵な挨拶が。それはレストランで食事をして、お店を出る時に店員さんに対して言う「ごちそうさまです」の一言！海外だったら、店員さんに「Thank you.」とも言わずにお店を出ることがあります。「ごちそうさま」に代わる外国語は少ないかと思います。これは海外を旅することで気づいた日本の素敵な挨拶です。（大槻紋美／21歳／大学生）

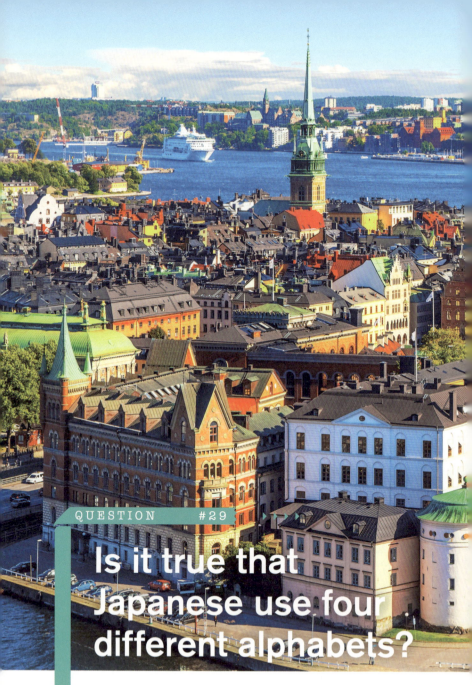

QUESTION #29

Is it true that Japanese use four different alphabets?

日本人って4種類の文字を使うって本当?

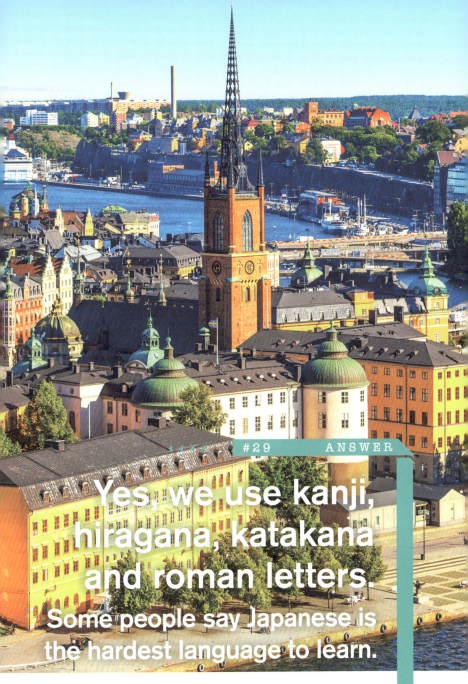

#29 ANSWER

Yes, we use kanji, hiragana, katakana and roman letters. Some people say Japanese is the hardest language to learn.

本当です。漢字、ひらがな、カタカナ、ローマ字を使います。一番難しい言語と言われることもあります。

この会話の続きは次のページ

#29 日本語と文字

日本語の文字はこんなにあります!

漢字、ひらがな、カタカナ、ローマ字、アラビア（算用）数字。日本語の中で使われる文字の種類をざっとあげただけでもこれだけあります。外国人にとっては驚異の一つ。

 次に聞かれたのはこんなこと

Question

Do you know every kanji?

漢字は全部覚えてるの?

Answer

No, because there are more than 2,000 kanji used daily and it continues to increase.

覚えきれません。なぜなら普段の生活で使用される常用漢字は 2,000 文字以上あり、現在も増え続けているからです。

 さらにこんなことも聞かれました

Question

How do you write my name in kanji?

私の名前、漢字でどうやって書くの?

Answer

For example, like this.

たとえばこうだよ。

※漢字の意味もあわせて教えてあげられたら Good!

日本語は、文字の種類が多いことに加えて、敬語や和製英語、助詞の複雑さ、物によって数えかた（単位）が変わるなど、外国人にとってはかなりハードルが高いようです。繊細な日本人と同じように、日本語にも細かな区別があることで、詳細なニュアンスを伝えられるのだと思います。こう考えると、英語の勉強の方が簡単なような気がしてきませんか!?

Episode

早口言葉で日本語を教える

留学中の授業で、先生に日本語を教える機会がありました。先生は日本語が喋れない、けど僕は英語が喋れない。いや、どうやって教えたらいいの!? と思い考えた結果、単純なゲームで日本語を教えることにしました。そのゲームとは、早口言葉です。「生麦・生米・生卵」僕たちからしたら簡単な発音が先生はできなくて笑いの絶えない授業となりました。僕の授業だけずっと笑顔でうるさいと話題になり、何をしてるのかを問い詰められ答えたところ、「それはいい!」との理由で、みんなで早口言葉を練習したのはいい思い出です。
（田中伸之／21歳／学生兼ライター）

Next Question

さらにこんなことも聞かれました

Question

Teach me bad words in Japanese!

日本語の悪口を教えて!

Answer

Aho (idiot), *baka* (stupid), *manuke* (dimwit), *doji* (clumsy), *kutabare* (fuck off), *kuzu* (trash), *tonchinkan* (off base), *debu* (fat), *hage* (bald).

あほ、ばか、間抜け、ドジ、くたばれ、クズ、トンチンカン、デブ、はげ。

※悪口には注意が必要！P220 の [TIPS] を参考にしてください。

Japanese and Letters

「I love you」ってなんて言うの?

How do you say "I love you"?

QUESTION　#30　▶▶▶▶

この会話の続きは次のページ

「愛してる」と言います。
ただし、日本人は頻繁に愛しているとは言いません。
愛の告白には「好き」が一般的です。

You can say "Aishiteru", but we don't use it often.

You can also use the word "*suki*" to tell someone you like them a lot.

#30　ANSWER

#30 愛情表現と日本語勉強
言語習得と恋愛

言語の習得には「好き」が一番。その国の文化が「好き」でも、特定の人が「好き」でも同じです。そして「好き」の表現の仕方も言葉によっていろいろ。

Episode

「Please」というマジック・ワード

イギリス人は小さな頃から徹底的に「please」という言葉を使うように教え込まれている。
マジックワードとも呼ばれていて、すべての文章に「please」という言葉を付け足すと言われた相手は「NO」と言い返してはいけないほど威力があることにびっくりした。
家族で会話する時に、ちょっと何かを取ってっていうくらいでも「please」をつけないといけないということ。日本語から訳して考えてしまうから身近な人との会話で「please」をつけるのに違和感を感じてしまう。
（モートン奈津子／37歳／主婦）

TiPS 英語豆知識

いろんな愛情表現！旅先で恋に落ちたら使ってみよう。

I like you. ＝「あなたが好きです」
You're amazing. ＝「君は驚くほど素晴らしい／素敵だ」
I fell in love with you at first sight. ＝「君ににひとめぼれしたよ」
I feel something for you. ＝「私はあなたに何かを感じる」
I'm in love with you. ＝「私はあなたに恋をしています／あなたに夢中です」

次に聞かれたのはこんなこと

> Question

How should I study Japanese?

日本語はどうやって勉強したらいい？

> Answer

I recommend watching anime or reading manga.

日本のアニメを見たり漫画を読むのがおすすめです。

英語も同様に、映画を字幕なしで見たり洋楽を聞いたり、英語を話す友だちをつくったりというのが英語上達の近道です。いくら文法や単語を覚えても、会話ができなければコミュニケーションは成り立ちません。CouchsurfingやAirbnbで宿泊場所を提供したり、Lang-8で英語を確認してもらったり日本語を教えたり。英会話スクールに通わなくても英語を学べる時代に変わってきています。英語上達のために、ぜひ積極的に使ってみてください。

Lang-8（ランゲート）
相互添削型SNS。学習の言語で文章を書くと、その言語を母国語とする人が添削してくれるというサービス。

HP：http://blog-ja.lang-8.com/

Couchsurfing（カウチサーフィン）
無料の宿泊場所を提供してくれる人と出会える「ホスピタリティー・エクスチェンジ・ネットワーク」。

HP：https://www.couchsurfing.com/

Airbnb（エアビーアンドビー）
世界中にある宿泊施設や民泊施設を貸したい人と借りたい人の間を繋ぐ「シェアリング・エコノミー・サービス」。

HP：https://www.airbnb.jp/

（男性から）今晩、一緒にどこかに出かけない？

Do you want to go out tonight?

QUESTION　#31　▶▶▶▶

この会話の続きは次のページ

どこに行きたいの？（最初から Yes とは言わない）

Where do you want to go?

#31　　　ANSWER

#31 女性はご注意!
旅先の交流が危険に変わる時

特に女子の場合、用心しすぎると現地の人と交流できませんが、ガードをゆるめすぎると日本では考えられないような危険が待っていることも。そのバランスが難しい!

☞ 次に聞かれたのはこんなこと

Question

Are you traveling alone?

(男性から) 一人で旅してるの?

Answer

No, my boyfriend is waiting at our hotel.

ううん、宿で彼氏が待ってるんだ!

日本人女性は海外でよく声をかけられやすいですが、すぐについて行かないように注意しましょう。甘い言葉をささやいて近づいてくる時は下心がある場合もあるので警戒心が必要です。旅先での判断は自己責任になってくるので、会話をしてこの人なら大丈夫と思ったら一緒に出かけましょう。
また、しつこく誘ってくる人には、宿で彼氏が待っている、ダミーの指輪をはめて結婚しているとアピールすることも効果的です。

バスの運転手さんに助けてもらいました

18歳の頃、トロントへ留学していたときのことです。ホームステイ先に帰る時間が遅くなり、日の暮れたバス停に一人でバスを待っていました。すると、反対側の道からあまり柄の良くないアフリカ系の青年3人組が道路を渡って近づいてきました。長身の彼らは行く道を阻むように並び、にやにやと笑っていました。悪い想像が頭の中を駆け巡っていた時、そこへ運良くバスが停まってくれました。降りてきたバスの運転手さんに「知り合い？」と尋ねられて、首を横に振ると「早くバスに乗りなさい」とその場から庇うようにして連れ出してくれました。バスの中では、乗客のおばあさんに「怖かったでしょう」と話しかけられたり、運転手さんからはあまり遅くならないようにとお叱りを受けました。「家はどこ？」と運転席の横に呼ばれて、家の前までバスで送ってくれました。運転手さんにお礼を言うと、優しく微笑んでくれました。（喜田さやか／22歳／大学生）

ナンパはポジティブに断ろう

日本人女性は世界中どこに行ってもナンパされます。外国人男性からすればもはや挨拶です。まずナンパ率を減らすには、安物でいいので薬指に指輪をすること。しつこいナンパには「（指輪を見せて）Thanks, but I have a fiancé」と、断わる理由にもなりますよ。

男には涙とメンタル攻撃が効きます。ある国で、ホテルに無理やり連れ込まれた時はさすがにブチギレました。力で抵抗したら殺されそうだったので、「この国が大好きなのに。貴方一人のこの行動だけで、この国も貴方のことも大っ嫌いになりそう！」と嘘泣きすると、謝って解放してくれました。

大切なのは、いかにポジティブにナンパを断るか。明らかに危ない人の場合は、助けを求めたり無視すべきだと思いますが、それ以外は笑顔で「No～ next time～」とあしらっておけば、相手も自分も嫌な気持ちにならず、引き続き優しくしてくれます。（佐久間静香／26歳／外資CA）

Watch out, Girls!

外国人パートナーのこと
もう一つの旅の出発点

外国人パートナーとのつきあいは、意外な発見と深い喜びにみちた、もう一つの長い長い旅なのかもしれません。

「見て」、は「聞いて」の意味

外国人には「敵意はないよ」という意味で目を合わせ少し微笑むのが礼儀とされています。そのためアメリカ人の彼からとても大切な話をされる時、「Look」と言われて話を始めます。直訳では「見て」ですが意訳で「(目を見て)聞いて」となります。彼はブルーとグリーンとグレーが混じったきれいな目をしているので、初めはまっすぐ見つめるのに緊張しくすぐったいような恥じらいもありましたが、大切な話をされる度に心の距離がぐっと近くなっているような気がして、今では大好きな行動の一つです。
(永野桃／25歳／フリーライター)

フィンランド人の夫は
毎朝緑茶を味わう日々

留学生の時に森でサバイバルキャンプを運営する学生イベントに参加して夫と出会い、その後遠距離恋愛を乗り越えて結婚。フィンランド人は日本人とよく似ていると言われますが本当にその通り。優しく丁寧で真面目な彼は一緒に過ごしやすく、異国の人と結婚したことを忘れさせるほど落ち着いた日々です。毎朝急須で緑茶を味わい、時には一休や芭蕉の本を読み、盆栽を育てる夫。日本を愛する彼は日本語習得も早く、現在は関西弁口調で会話しています。
(スオミの旦那と一生一笑　あおい＆あれちゃん／ブロガー・デザイナー　ブログ：http://suomi-isshoissho.com/)

家族を大切にするカンボジア人

カンボジアの人は基本的には仏教徒も多く、シャイな人も多いので日本人とそんなに感覚は変わりません。ただし、一番の違いは電話の回数！ 家族を大事にする文化が基本にあり、昼休みは必ず家に戻ってご飯を食べるという人や、夜の家族の団らんを大事にする人が多くいます。そして恋人とはあまり頻繁に出かけないかわりに、電話をよくします。仕事終わりや休み時間はもちろん、たまに仕事が暇になった時にまで電話がかかってくることも。日本人とお付き合いしていると絶対にありえないので最初は驚きましたが、慣れてくると「こんなもんか」と思うようになりました。今は結婚したのですでに電話の回数は減っていますが（笑）、いい思い出です。
（山内理智／28歳／ハーバリスト）

男らしくて紳士的なチリ人男性

私はチリ人の男性と6年以上付き合っていますが、その6年間で感じたことを一言でいえば、「優しい」です。いつも私のことを一番に気にかけてくれて、いつでも私たちふたりの幸せを考えてくれています。 チリはラテン系の国々の中では一番スキンシップや愛情表現が薄いと言われていますが、私としては四六時中いちゃいちゃするのはどうかとも思うので、もしかしたら日本人女性にとってはちょうどいい感じのスキンシップなのかもしれません。どんな時でも言葉で気持ちを伝えることが大事と彼はいつも言います。愛の言葉だけじゃなくて、私が間違っていることがあればちゃんと言ってくれます。チリでは女性を大事にする習慣があるので、たとえ意見が食い違うことがあっても喧嘩にはなりません。言葉遣いも汚くなりません。いつもゆっくり話し合い、ふたりが納得する意見にたどり着くまで話します。とっても男らしくて紳士的なチリ人男性、日本人女性におすすめです。（行田愛華／26歳／学生）

CHAPTER four

Traditional Japanese Culture

意外と知らない日本の伝統文化

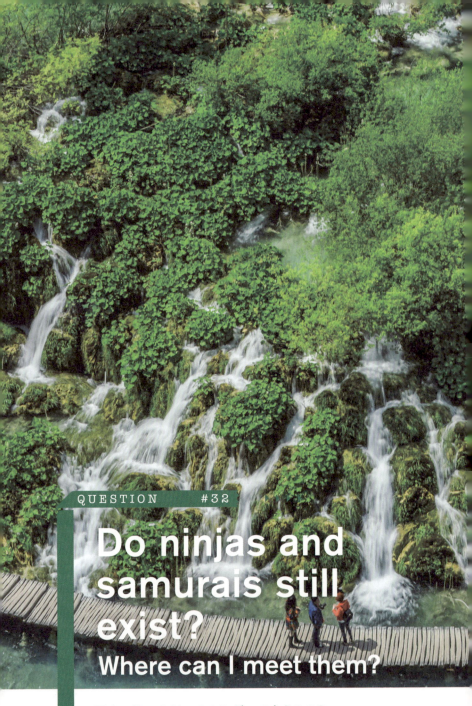

QUESTION #32

Do ninjas and samurais still exist?
Where can I meet them?

忍者・侍はまだいるの？ どこで会えるの？

#32 ANSWER

No, they don't exist anymore.

いいえ、もう存在していません。

#32 忍者と侍
日本のサムライ

侍や忍者がいるだけでなく、街も時代劇に出てくるような家屋ばかりだと思っている外国人はまだたまにいます。やさしく誤解を解いて、ちょっとした豆知識を教えてあげよう。

 次に聞かれたのはこんなこと

Question

What is the difference between a ninja and a samurai?

忍者と侍の違いは？

Answer

Basically, a ninja is a spy and a samurai is a soldier who serves a lord.

簡単にいうと忍者はスパイ、侍は封建領主に仕えていた軍人です。

忍者は基本的には敵と戦うことが目的ではなく、敵の情報を得るために様々な忍術を駆使して敵の領内や陣地に忍び込み情報を持ち帰っていました。その存在を高く評価され、徳川家康は護衛に忍者をつけていたといわれます。侍（武士）は、江戸時代の身分制度「士農工商」では一番上に位置し、大名などに仕えていました。「武士道」という独自の考え方、美学を持っており、自分の行動には命をかけていました。そこから、失敗した場合は自ら命を断つ「切腹」という文化が生まれました。

日本の漫画や映画の影響から、忍者や侍が実在すると思っている外国人もいます。「NINJA」「SAMURAI」と言葉は広く知られていて、日本にしかない文化を体現する彼らが本当に実在するのか、会えるのならぜひ会ってみたい！　と思う人も少なくありません。なので、「もういない」とだけ答えてがっかりさせるのではなく、実際に忍者体験ができたり、侍の格好をした人に会える場所ならあるよ！と答えてあげよう。

東日本だと、栃木県の「日光江戸村」（HP: http://edowonderland.net/en/）に行けば江戸時代を再現した館内で侍や忍者に会えます。ちょんまげを結った江戸の人々が村を歩き、芝居小屋を見て回ったり、江戸の職業を体験することもできます。侍だけでなくその時代の様々な役職の人に変身することもでき、着付け体験も可能。西日本だと京都にある「東映太秦映画村」（HP: http://www.toei-eigamura.com/）がおすすめ。滋賀県の甲賀市、三重県の伊賀市も忍者活躍の地として有名です。

Episode

ハンガリーで空手（?）を教える

旅の途中、ハンガリーの地下鉄で、僕は若者3人に話しかけられた。「ジャパニーズ？」僕が「イエス」と言うと、空手を教えてくれと言われた。日本人全員が空手を教えられるなんて思われては困る。だが、せっかく話しかけられたんだからと思って、『ドラゴンボール』の悟空の構えや『ハンター×ハンター』の主人公ゴンの構えなんかを適当にしてみた。それが異常なくらいウケたんで、ネタバラシ。「ごめん。本当は空手はわかんないけど、日本の漫画は最高だから読んどきな」って。（勝俣泰斗／22歳／学生）

お寺と神社ってどう違うの？

What is the difference between temples and shrines?

QUESTION　#33　▶▶▶▶

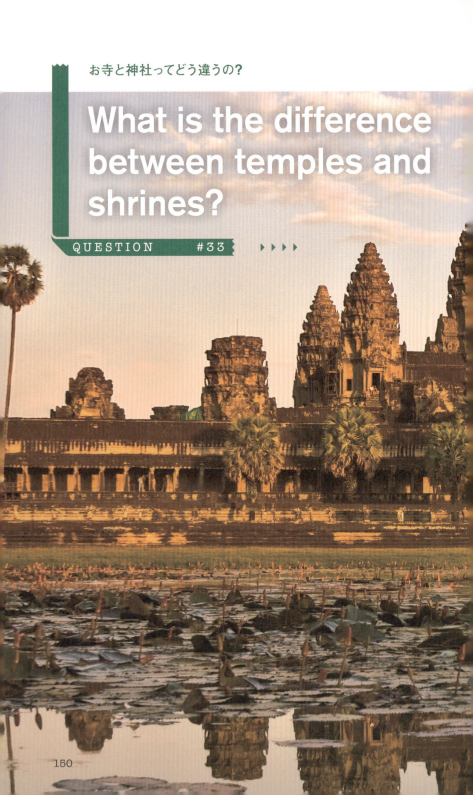

この会話の続きは次のページ

信仰している神様が違います。

◀◀◀◀ #33 ANSWER

#33 お寺と神社

それって宗教なの?

日本にはお寺や神社がたくさんあります。心の拠り所としてお参りすることはあっても、宗教施設だという感覚は薄いかもしれません。日本人のユニークな宗教観を説明してあげよう。

☞ 次に聞かれたのはこんなこと

Question

There are many temples and shrines in Japan, but why don't you believe in God?

日本ってお寺とか神社がたくさんあるのに、なんで神様を信じてないの?

Answer

We worship our ancenstors. (アンセスターズ)

自分たちの先祖を敬っています。

海外の人からすると一緒のように見える神社とお寺。私たち日本人でさえも悩んでしまうその違いを学びましょう!お寺は「仏教」、神社は「神道」でまず宗教が異なります。わかりやすいものだとお寺には仏像があり、神社には入り口に大きな鳥居があります。仏教はそもそもインドや中国からやってきた外来宗教で、神道は日本古来の宗教になります。とはいえ実は、明治以前の日本は「神仏習合(しんぶつしゅうごう)」もしくは「神仏混淆(しんぶつこんこう)」と呼ばれる状態にあって、神道と仏教が同一視されていました。よく私たちもお寺と神社を呼び間違えたりするのは、そのせいでもあります。

さらにこんなことも聞かれました

What are the most famous temples and shrines?

一番有名なお寺、神社はどこ？

Answer

The most famous temples include Kiyomizu-dera and Todai-ji. Ise Jingu and Meiji Jingu are the famous shrines.

お寺だと**清水寺、東大寺**。神社だと**伊勢神宮、明治神宮**です。
※清水寺は京都、東大寺は奈良、伊勢神宮は三重、明治神宮は東京にあることも教えてあげよう。

神道は、自然、土地、衣食住などありとあらゆるものに神様がいるという考えです。神様がたくさんいるので「八百万の神」という表現をします。私たちのご先祖様もここに含まれます。最近では、特別な御利益をもたらすパワースポットとして人気の場所があることを教えてもいいでしょう。

QUESTION #34 ▶▶▶

When do you wear a kimono?
Do you wear it every day?

着物はどんな時に着るの？ いつも着てるの？

#34 ANSWER

We don't wear kimonos very often.
Usually we wear them for special occasions.

普段は着ていません。お祝いごとなどで着ることがあります。

#34 着物と日本人
日本の伝統衣装

私たちにとっての着物はもはや、外国人にとっての「kimono」と同じくらい遠い存在なのかもしれません。でも海外では、あえて着てみるととても喜ばれます。

次に聞かれたのはこんなこと

Question

Are kimonos easy to wear?

着物は簡単に着られるの?

Answer

Usually someone helps us put on a kimono. When we go to festivals in the summer, we wear yukatas, which are much lighter than kimonos.

着付けをしてもらうことが多いです。夏は着物より薄い生地で作られた浴衣を着てお祭りに行きます。

日本の伝統衣装である着物は、外国人に根強い人気があります。しかし価格も高くなかなか自分で着ることができないため着る機会が減ってきて、最近では成人式や冠婚葬祭の時ぐらいにしか着なくなったと教えてあげましょう。ただ、カジュアルな着物や浴衣はレンタル・着付けをしてくれるところがあるので (3000円ぐらい)、手軽に体験できるとおすすめしましょう!

さらにこんなことも聞かれました

Question

What is the difference between a *geisha* and a *maiko*?

芸者と舞妓は何が違うの？

Answer

There jobs are different.

職業が異なります。

関西では「芸妓(げいぎ)」「芸子」とも呼ばれます。外国では、芸者は娼婦と勘違いされていることもありますが、もちろん別物です。芸者はお酒の席で芸をしながらお客さんを楽しませるエンターテイナーで、芸を売って生計を立てています。また「舞妓」は年齢が若く芸者になるための見習いです。舞妓は15〜20歳ぐらいまでお座敷のルールや三味線や唄などを習得し、舞妓を卒業したら芸妓となります。また、芸妓の芸を体験できるのはお金持ちだけで、日本人であっても一度も見たことのない人の方が多いことを説明しましょう。

Episode

半纏(はんてん)を着たら「ムービースター」

秋田出身の私は、秋田を代表する竿燈まつりの正装である半纏一式を持ち、篠笛の演奏を披露しながら南米を旅した。外出先で正装をしていると「ムービースター！」と声をかけられたり、写真を撮られたりすることは多々あったが、半纏を着てリオデジャネイロ・パラリンピックの応援をした時は、一緒に写真を撮りたい人の列ができ、しまいにはサインを求められ、芸能人のようだった。正装で篠笛を吹き、写真を撮り、折り鶴をプレゼントする。着せてあげると喜ばれ、交流を深めるうちに、自分が日本人であることを誇らしく感じられるようになった。（ももこ／自営業）

日本ではやっぱり相撲が人気のスポーツなの?

Is Sumo a popular sport in Japan?

QUESTION #35 ▶▶▶▶

この会話の続きは次のページ ☞

はい、でも人気があるのは野球やサッカーです。

It is, but baseball and soccer are more popular.

◀◀◀◀　#35　ANSWER

#35 日本のスポーツ

スポーツは世界言語

言葉が通じなくても、同じスポーツをプレイできればたちまち仲良くなれるもの。
日本の伝統スポーツ、武道についても教えてあげると喜ばれます。

☞ 次に聞かれたのはこんなこと

Question

Can you do judo or karate? Show me!

柔道か空手できる？やってみて！

Answer

Like this?

こんなかんじ？

相撲をはじめとする柔道、剣道、空手、弓道などは「武道」にあたります。武道の理念は武士道からきているので、武道を習うことは武士道の精神も学ぶということになります。
「侍になりたい！」という外国人に出会ったら、「武道を習うといいよ！」と教えてあげましょう。

それぞれの国で盛んなスポーツは？

国によって人気のスポーツは異なります。でも、もし同じスポーツが好きな外国人と出会えたら、選手の名前やチーム名を出すだけでおしゃべりが盛り上がります。共通のスポーツがなくても、相手の国で盛んなスポーツについていろいろ聞いてみましょう。

・北米…アメフト、ホッケー、バスケットボール
・南米…サッカー
・インド…クリケット
・ヨーロッパ…サッカー、バスケットボール

Episode

カナダでサッカーの面白さを体感した瞬間

大学時代、カナダでホームステイをしていた時の話。学校の帰り道に、ルームメイトのスペイン人から草サッカーに誘われた。海外でサッカーをした経験はなく、正直不安だったが、実際にフィールドに立つと、国籍関係なく、言葉の壁を超えて、ボールでコミュニケーションができた！何よりブラジル人相手に自分のプレーが通用し、初めは呼んでも集まらないボールが、途中から自然と欧米人からボールが自分に集まってくる流れができた時、サッカーの新たな面白さを体感した瞬間だった。
（木村悠太／33歳／コンサルタント）

QUESTION #36

Do you give tips at restaurants in Japan?

日本にもチップの文化はあるの？

#36　ANSWER

In general, you don't have to give a tip.

基本的に日本でチップは必要ありません。

#36 日本でのチップ
「心付け」の話

感謝の気持ちを金額に変換して渡すというのは、日本人の奥ゆかしい気質に合わないのかもしれません。海外ではもめ事の原因になることもあるので要注意。

そもそもチップってなに？

チップはサービス業に携わる人にとっては立派な収入源。国によっては最低賃金がとても低く設定されているため、それ以外の分は出来高制で自分で稼ぎなさい、という考え方になっていたりします。自分のサービスのよし悪しによってもらえるチップの額が変わってくるので、スタッフは一生懸命働きます。

ただ最近ではチップ文化のある国でも、特に西欧先進国ではチップをわずらわしいと感じる人たちが増えていて、チップを廃止した店もあるようです。

日本では給料の中に労働の対価はすべて含まれているという考え方が基本にありますし、そもそもチップ制度がなくてもサービスの質はある程度維持されています。日本にチップ制度が根付かなかったのはそのせいかもしれません。旅館などで渡す「寸志」「心付け」はお世話になります、という気持ちなどで義務ではありません。

一方海外では、空港や駅などで、頼んでもいないのに荷物を運び、親切でやってくれたのかと思いきや最後にチップを請求されることも多々あります。また、トイレを使用するのにチップが必要になる国が多いので、小銭を多く用意しておきましょう。高額紙幣だとお釣りをもらえない時があります。

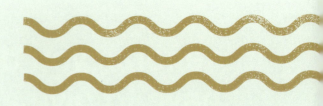

◎チップを払う場面は?

タクシー、レストラン、ホテル（ポーター、ベルマン、ルームサービス）、トイレなど。レストランでは料金に含まれている場合もあるので、レシートを確認しよう。バックパッカーが利用するような安宿や屋台では必要ありません。

◎チップの相場は?

ホテルのボーイ、ルームサービス、ポーターには1ドル程度。レストランやタクシーでは元の料金の10〜15％ぐらいが目安です。国によって異なるので訪れる国のガイドブックなどで確認しましょう。

◎チップの渡し方

手渡しが基本。ベッドメイクをしてもらう時は枕元に置いておきます。クレジットカードで支払う場合は伝票に「Service charge/Tip」など記載されていたらそこに希望のチップ額を記入し、署名欄に氏名を記入しよう。

Episode

チップで大モメしたインド

「ホーリー祭」目的でインドに行った時に、インド人から「ホーリー祭の時はどこのゲストハウスも閉まってるからホテルにしか泊まれない。俺がツアーを組んでくれるところを紹介してやる」と言われ、ツアーを組みに。ツアーは4日間で4万円ほどとかなりの高額でしたが、そのインド人を信じ承諾。タクシードライバーを雇い、デリー、アーグラー、ジャイプールを観光。最終日にタクシードライバーにチップをあげることになり、事前に言われていた700円ほどをあげると少ないと激怒。直ぐ様ツアーを組んだ人に電話をすると「700円はさすがに安すぎる」の一点張り。言ってることがメチャクチャすぎるインド人。結局3,500円ほどあげて和解しました。
（大島悠暉／23歳／学生）

Column

日本の四季を楽しむ
外国人の友だちと再発見した日本のイベント

毎年あたりまえのように通り過ぎていく日本のならわしも、外国人の視線で参加すると新しい発見がたくさんあります。

< 春 >　海外でも人気の「お花見」

同じシェアハウスに住んでいたアメリカ人、ベラルーシ人、中国人、日本人の友だちと一緒に中目黒の川沿いの桜並木にお花見に行きました。川沿いには他にも海外から来た人が本当にたくさんいて、それぞれ写真を撮ったり、出店を楽しんだり、満開の桜を楽しんでいました。聞いてみると、やはり日本の「お花見」は海外でも人気のようで、「日本に来たら桜を見に来たかった！」とみんな話していました。みんながとても嬉しそうに桜を見ているのを見て、「日本のお花見って素敵な文化だなぁ」と心から感じました。
（末次葵／24歳／翻訳家・ライター）

< 夏 >　南米のカーニバルを思い出させた「ねぶた祭」

ペルーから来ていた留学生と、東北三大祭りの一つ青森県のねぶた祭へ。様々な模様が描かれた迫力ある大きなねぶたと、「らっせーらー、らっせーらー」の掛け声が耳を離れない、熱気が溢れた会場で、どうやら彼は母国のお祭りを思い出したようです。南米でも2、3月には各地でカーニバルが行われるのですが、「静かでおとなしいイメージだった日本人がこんなにもアクティブにお祭りを楽しむことがあるんだね！母国のお祭りが懐かしくなったよ！」と感動していました。少しでも日本人のイメージが変わったのかなぁと思います。
（阿部愛未／25歳／ライター）

< 秋 >　台湾にはない「ハロウィンパーティー」

「渋谷のハロウィンイベントに参加してみたい!」ゲストハウスで知り合った台湾の友だちにそう言われて、正直驚きました。ニュースで毎年目にしますが、人混みがすごくて歩くのも大変そう……という感じなのにどうして行きたいの? と聞いてみると、「台湾では、あんなに広い場所でハロウィンを祝う習慣がない。ネットで検索していて、クレイジーな渋谷のハロウィンイベントに参加してみたくなった!」とのことでした。スペインやアメリカの友人にも聞いてみると、どうやら日本のハロウィンイベントはSNSで有名らしい。「仮装して街を練り歩くのが楽しい!」と彼女は大興奮でしたが、抵抗があった私はかなり恥ずかしかったです(笑)。でも、日本での思い出が一つ増えたみたいでそれはそれで嬉しかったかな?
(長沼茂希／26歳／会社員)

< 冬 >　NY出身の人と、「お正月」について学ぶ

ニューヨーク出身の女の子がホームステイしていた時のこと。ちょうど年越しの時期だったので、日本らしい年末年始を体験してもらうことに。ニューヨークといえば、賑やかなタイムズスクエアのカウントダウンが有名ですが、日本は真逆。除夜の鐘を聞いたり神社に初詣に行き甘酒を飲んだり、彼女は静かに新しい年を迎えることに少し戸惑っているようにも見えました。元旦には母が作ったおせち料理を食べながら、一つひとつの料理に意味があるんだよと教えてあげると、「料理にも意味があるなんて、日本はなんてamazingなの!」とびっくり。母に由来を聞きながら通訳しているとこんな意味があったんだ! と彼女と一緒に学んでいる自分がいました。
(伊達瞳／25歳／ライター)

Column

CHAPTER five

Politics and Economics in Japan

日本の政治・経済

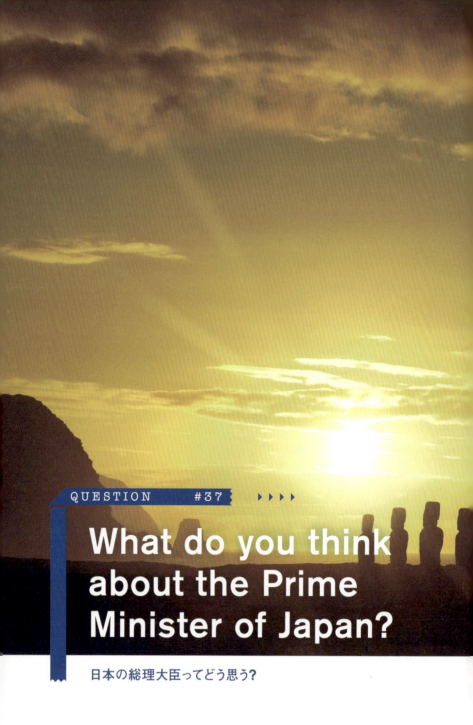

QUESTION #37 ▶▶▶▶

What do you think about the Prime Minister of Japan?

日本の総理大臣ってどう思う?

#37   ANSWER

I think he's doing his best.

頑張っていると私は思います。

※自分の意見を答えよう。

この会話の続きは次のページ

#37 日本という国のこと
総理大臣、国旗など

改めて外国の人に「国の仕組みを教えて」といわれると、「あれ?」と思ってしまいがちな私たち日本人。旅行に出かける前に、ざっとおさらいしておこう。

 次に聞かれたのはこんなこと

Question
What kind of policies has the Prime Minister enacted?(イナクティッド)

総理大臣は、過去にどんな政策をしたの?

Answer
One policy became the buzzword of the year.

流行語になるような政策もありました。

日本の総理大臣は在任日数が短いことで有名ですが、どれだけ替わっても国全体に大きな影響がないように見えるのも、外国人にとっては不思議なことです。過去の総理大臣は消費税導入(竹下登)、郵政民営化(小泉純一郎)、東京オリンピックの誘致(安倍晋三)などを実施してきました。現総理大臣、安倍晋三の経済政策「アベノミクス」は、流行語にもなりました。

日本の政治・経済

さらにこんなことも聞かれました

What does Japan's flag mean?

国旗の意味を教えて！

Answer

The red circle symbolizes the sun.

赤い丸は太陽をイメージしています。

日本の国旗は世界の国旗の中でもかなりシンプルですが、実は「円のサイズは、直径が縦の長さの5分の3」と、ちゃんと比率が決まっていたり、円の色は赤ではなく「紅色」とされていたりするんです。国家の象徴として大切な国旗は、国によってちゃんと意味があります。たとえば、有名なものだとアメリカ国旗の星の数は合衆国の50州の数だったり、フランス国旗は「自由・平等・博愛」を表していたり。他国のことをよく知るためにも、国旗の意味を尋ねてみるのもいいかもしれません。

日本の天皇ってどんな存在？

What is the Emperor to the people of Japan?

QUESTION #38 ▶▶▶▶

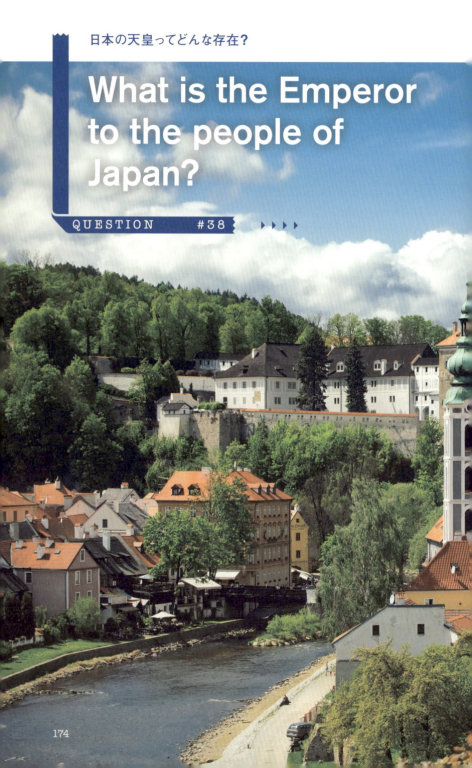

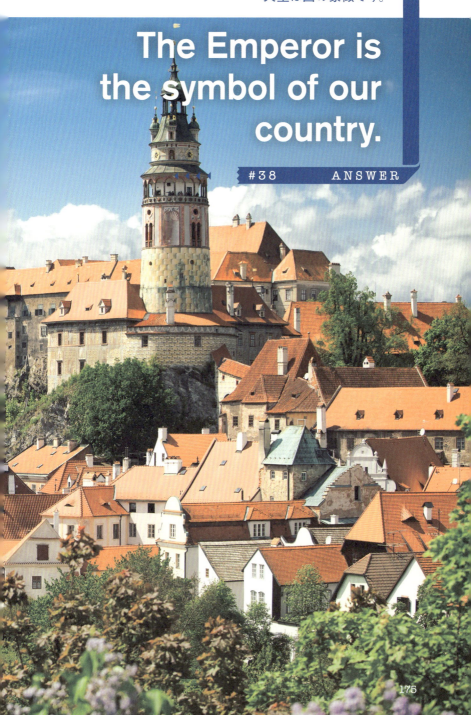

この会話の続きは次のページ

天皇は国の象徴です。

The Emperor is the symbol of our country.

#38　ANSWER

#38 日本の天皇

天皇は世界でただ一人の「Emperor」

天皇という存在は、外国人から見ると神秘的。日本人にとってもわからないことが多いのですから、彼らにとってはなおさらです。基本的な情報をおさらいしておきましょう。

☞ 次に聞かれたのはこんなこと

Question

Have you met the Emperor?

会ったことあるの?

Answer

No, but there are chances to meet him.

いいえ。ただ会うことはできます。

日本人でも天皇に関する質問にはなかなか答えにくいもの。でも外国人にとっては、一番気になる日本文化の一つです。「天皇って?(What is an Emperor?)」という疑問にひと言で答えるなら、天皇とは日本国憲法に定められているとおり、「日本国の象徴であり日本国民統合の象徴」です。「国王は君臨すれども統治せず」という原則を持つ英国のように、政治的な権力は日本の天皇にもありませんが、という補足をするともっとわかりやすくなります。

今は東京の中心部にある自然豊かな皇居に住んでいますが、江戸時代までは京都に住んでいました。日常生活で天皇に会うことはほとんどありませんが、新年の一般参賀でちょっと離れたところから姿を見ることはできます。普段は入ることのできない皇居内で行われ、天皇のお言葉も聞ける貴重な日なので、毎年たくさんの人が訪れます。というような情報を付け加えても話が広がります。

皇居ランについて

皇居周辺をたくさんの人が走っている光景を見たことがあるかもしれません。皇居の周りは信号がないため止まることなく、外周も約5kmで走りやすい、トイレもあるという利点から、初心者ランナーにおすすめのコースとされています。

季節とともに移ろう光景を見ながら走ることもでき、多い時では1万人が走るとか。

ただ、あまりの人気にランナーたちの渋滞が起こったり、景色を楽しみながら散歩している人々から苦情が出たりなどの問題が起こることもあります。最近ではマナー向上のために、ルールの整備が行われています。

Episode

「ホワイトハウスは皇居より小さいんだね」

アメリカ人の友人を訪ねてワシントンDCを訪れた時のことです。議員会館で働く彼女が出勤した後は、リンカーン記念堂やヴェトナム戦争戦没者慰霊碑などをぶらぶら眺めたり、アーリントン墓地の硫黄島メモリアルまで足をのばしたりしてすごしました。二日目くらいに、うっかりホワイトハウスを見ていなかったことに気づいて出かけてみると、意外と小さくてちょっと驚きました。その晩帰宅した友人に、「けっこう小さいね。皇居くらいあるかと思ってた」と無邪気に言うと、翌日彼女は職場でそのことを話したようです。同僚は、「ああいう国とは違うのよね」と笑っていたそうですが、「ああいう国ってどういう国なんだろう」と、もやもやしたのを覚えています。あれからだいぶ時間が経ちましたが、天皇と日本の国の仕組みについて、もっときちんと説明すれば良かったと今でも思います。

（田中光太郎／27歳／会社員）

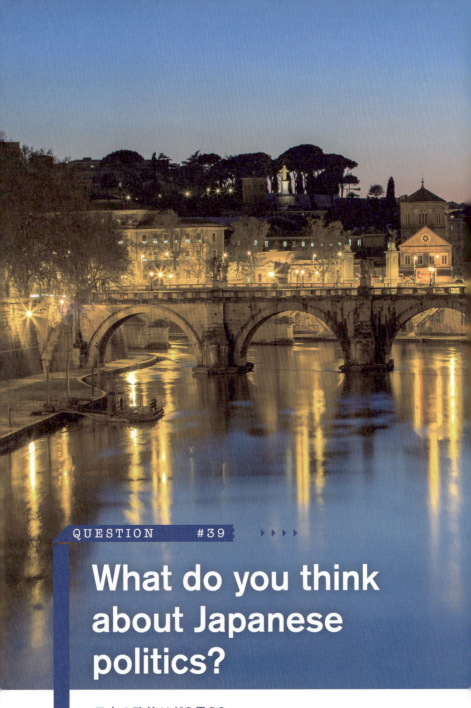

QUESTION #39 ▶▶▶▶

What do you think about Japanese politics?

日本の政治はどう思う?

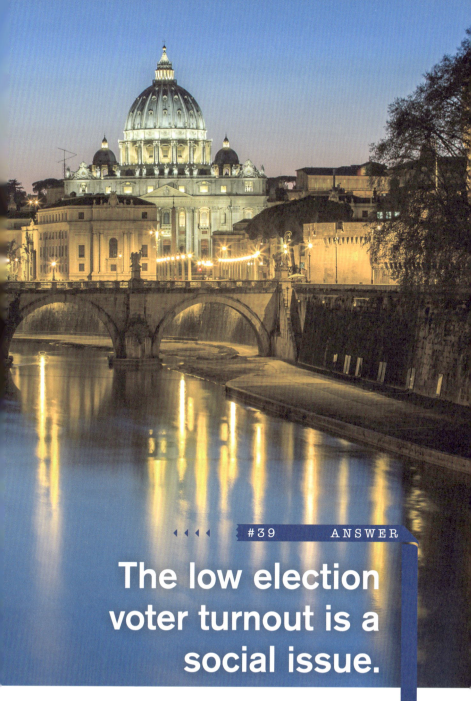

#39 ANSWER

The low election voter turnout is a social issue.

選挙の投票率が低く、社会問題になっています。

#39 日本の政治

日本の政治は放っておいても大丈夫?

海外の人は、多くの日本人が政治に関心を持たないことに驚きます。海外旅行から戻って、日本の平和をしみじみ感謝したくなるような瞬間が訪れたら、政治のことも考えてみよう!

 次に聞かれたのはこんなこと

Question

Why do so many Japanese people have no interest in politics?

どうして日本人は政治に興味ない人が多いの?

Answer

Because many young people use social media instead of watching the news or reading newspapers.

特に若者は、SNSが主流となりテレビや新聞を見る人が減っています。

海外の人と比べて、自国の政治に関して自分の発言を述べることができる人が少ない日本。生活が豊かで失業率もそこまで高くない日本。選挙に行かなくてもきっと誰かが選んでくれるだろう、そこそこの生活ができているしデモを起こすほどではない、など受け身で自分の国のことを考えている人が多いのではないでしょうか。日本が政治的にも経済的にも安定しているという証拠かもしれませんし、将来のことを考えると良くない傾向かもしれません。でもこれからはネットで簡単に投票できる環境も整っていくかもしれませんね。
一方海外では、晩ご飯を食べながら、政治について話すこともあったり、南米では教育機関に納得がい

かないことがあると学生がデモを起こしたりと、自分たちの意見を主張する傾向があります。学生の頃から政治について興味を持っている人が多いので、まずは日本の政治についてどう考えているか意見を言えるようにしておくと、おしゃべりの幅がぐっと広がります。ただし、特にヨーロッパなどの伝統的な礼儀作法では、社交の場で政治や宗教の話題を持ち出すのは無作法とされています。政治と宗教が密接にからみあっている国の人とのおしゃべりでは、特に注意が必要です。知らないうちに相手を不快な気持ちにさせているということも起こりえます。

政治について語り合うことの重要性を感じた時

Episode

私がロンドンに留学していた時、シンガポール人の留学生と知り合い、互いの国の政治情勢について話し合った。
彼が日本の政治に関心を寄せていた点は、彼が普段読んでいるBBC、The economistなどのニュースと、彼が今まで会った日本人とで現政権への評価が全く違うという点だった。また日本の若者が政治離れを起こしているのは悲しい、とも零していた。
一方シンガポールは若者の政治への関心は高いが、一般の人はSNSなどの公の場で政権に対し批判をすると処罰が下るそうである。おおよその言論の自由が保障される日本に住む私はこのことに本当に驚いた。
私は彼との対話を通し、共通の言語を持ち、世界の情勢や政治について話し合う重要性を改めて感じた。（桒田麻椰／25歳／学生）

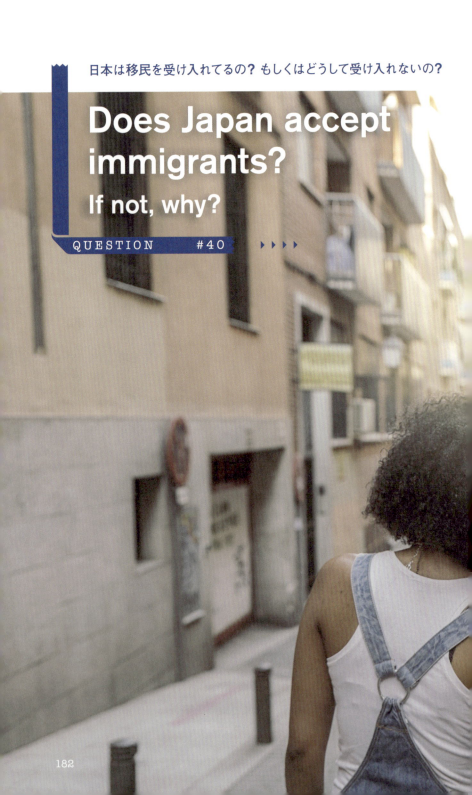

日本は移民を受け入れてるの？もしくはどうして受け入れないの？

Does Japan accept immigrants?
If not, why?

QUESTION #40 ▶▶▶▶

この会話の続きは次のページ

他の国に比べてほとんど受け入れていません。

Japan accepts very few immigrants compared to other countries.

◀◀◀◀ #40 ANSWER

#40 日本と移民
日本の民族的マイノリティ

日本では、民族的マイノリティの存在が意識に上ることはあまりありませんが、海外の多くの国ではあたりまえの存在。彼らと対等な議論をするためにも日本の状況を知っておこう。

☞ 次に聞かれたのはこんなこと

Question

Are there ethnic minorities in Japan?

日本には民族的マイノリティはいないの?

Answer

There are, but not many.

いますが、かなり数は少ないです。

近年、海外の移民受け入れのニュースをよく目にしますが、日本の移民認定の条件は先進国でもかなり厳しい方です。

とはいえ人口減にともなう人手不足を補うためには海外から労働力を受け入れる必要があるため、「外国人研修制度」などいろいろな試みが行われ、外国人の受け入れ数は増えてきています。ただ全体としては、移民を受け入れようという声がそもそも少なく、日本の政治も受け入れる体制にないのが現状です。

このようにいわゆる「単一民族国家」のイメージが強い日本ですが、たとえばアイヌ民族や在日韓国朝鮮人など、民族的マイノリティの人々は存在しています。世界中を眺め渡してみると、民族的マイノリティが多く存在している国の方が一般的です。海外の人にとってはそういう国の方がイメージしやすく、こういう話題に触れることで一気に相手との距離が縮むこともあるかもしれません。

さらにこんなことも聞かれました

Have there been any terrorist attacks in Japan?

日本でテロが起こったことはある?

There have been subway sarin attacks and hostage crises in the past.

過去には地下鉄サリン事件、立てこもり事件が起こっています。

海外のニュースでよく耳にするテロ攻撃。大勢の一般市民を狙ったテロ攻撃は先進国でも見られるようになってきました。日本国内では近年各地で多発している自爆テロのような大きな爆弾テロはないものの、過去にはバスジャック事件や立てこもり事件など、国民の目が釘付けになった事件もありました。

TiPS 英語豆知識

もしも海外でテロや事件に遭遇したら反応したい英語。
- 伏せろ!…Get down!
- 手を上げろ!…Put your hands up!
- 逃げて!…Run!
- 救急車を!…Call an ambulance!
- テロ攻撃…terrorist attack (「テロ」は和製英語)

QUESTION　#41

How will Japan defend itself if a war starts.

戦争が始まったらどうやって国を守るの?

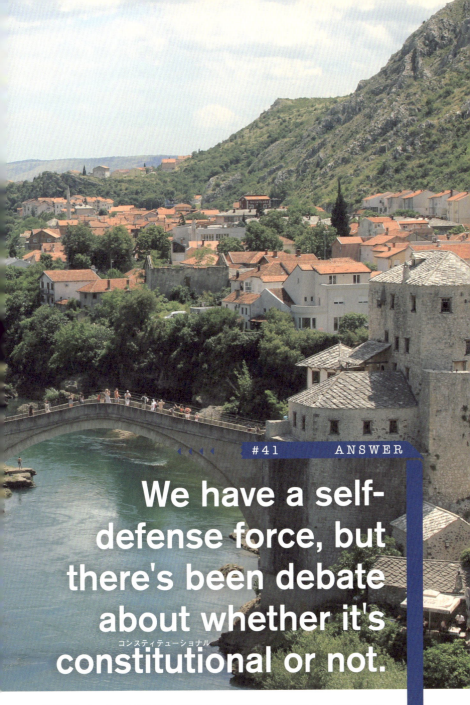

#41　ANSWER

We have a self-defense force, but there's been debate about whether it's constitutional or not.

コンスティテューショナル

自衛隊がいますが合憲か違憲かで議論の対象になっています。

この会話の続きは次のページ

#41 日本と自衛隊
「平和の国、ニッポン」?

政治と同様、「防衛」や「戦争」のような言葉は、日本で暮らしているとかなり抽象的に響きます。でも世界の多くの国々では目をそらせない現実です。

 次に聞かれたのはこんなこと

Question

Are you going to live in Japan your entire life?

日本にずっと住むの?

Answer

There are many people who stay in Japan their whole lives.

生涯日本で暮らす人はたくさんいます。

世界的に見ても日本は安全と言われています。もちろん犯罪やデモなどが起こることもありますが、住み慣れたこの国を離れる人はあまりいません。そして海外旅行に行くと多くの人が思うのが、味付けが繊細な日本食の美味しさ。日本食最高!と慣れ親しんだ、和の味は日本人にとって日本に住みとどまる理由の一つだと思います。

さらにこんなことも聞かれました

Question
Is there a drafting system in Japan?

日本も徴兵制度ってあるの？

Answer
No, not anymore.

今はありません。

戦前は日本にも徴兵制度がありましたが、現代の日本ではありません。そもそも憲法上自衛隊は軍隊ではないということになっていますので、徴兵制度が存在するはずはないのですが……。近くの国では、韓国や台湾（中華民国）、その他にもシンガポール、フィンランド、またイスラエルでは女性も徴兵されます。タイではくじ引きで赤色を引くと軍隊に行かないといけないという制度があります（過酷な徴兵に、毎年何名かはくじ引きの瞬間にショックのあまり失神するとか……）。

Episode

パレスチナ自治区の中のユダヤ入植地で感じたこと

分離壁を越えて、しばらく走ったところに、その町はあった。
「Hebron」。イスラエルの中の、パレスチナ自治区の中の、ユダヤ入植地である。緊張して町に入ったが、想像していたような退廃的な空気はなかった。むしろ、アラブ人たちは私たち観光客に笑顔を見せてくれる。しかし、町の一角はアラブ人が追い立てられて人の気配が消え、銃を構えたイスラエル兵が警備をしているゴーストタウンになっていて、問題の根深さを実感させられる。最も印象的だったのは、路地の両脇の建物の二階部分に金網が張り巡らされていることであった。この金網には、二階部分から捨てられたであろうゴミが溜まっている。二階部分には、イスラエルの国旗がはためいている。私は、ここで育つ子どもたちが、いつの日か、金網越しでない、広い青空を見られるようになることを願った。
（堀井あゆみ／29歳／雑貨バイヤー）

原爆を落とされたけど、アメリカのことは好きなの？

Do you like America even though they dropped the atomic bomb on Japan?

QUESTION　　#42

この会話の続きは次のページ

アメリカの文化や自然が好きな人はたくさんいます。

Many people like American culture and America's natural beauty.

#42　ANSWER

#42 日本とアメリカと核兵器

隣人たちとのお付き合い

近い国同士であればあるほど、問題は多くなるものなのかも。でも旅人が行き来し、交流が続くかぎり、最悪の事態は訪れないはず！ そのためにも最低限の知識は持っておこう。

 次に聞かれたのはこんなこと

Question

How is the relationship between Japan and America?

日本とアメリカはどんな関係？

Answer

They're very close partners.

とても近しいパートナーです。

終戦直後、日本は経済的にどん底の状況にありましたが、東西冷戦が始まっていたこともあり、西側陣営の重要な一員として日本はアメリカに救われました。経済支援のほか、憲法作成を手伝い民主主義を国に浸透させたり、アメリカは今の日本の基盤をつくりました。そこから日本は急激な経済成長を経て、先進国としてアメリカとも良きパートナーとなっています。日本製品も今や世界中で使用されていることは周知の事実。タイムマシーンに乗って未来や過去に行く映画『バック・トゥ・ザ・フューチャー』で、1950年代を生きている発明家ドクが「これは壊れるわけだ、日本製だ」と言えば、1980年代の未来

からやってきた少年マーティーが「何言ってるの、日本製が世界で一番なんだよ」と答える場面を覚えていますか? 日本の成長を物語るエピソードです。同じように、今はまだ中国製品を避ける人がいますが、そのうち中国製品といえば品質の高いものとされる時代が来るのかもしれませんね。

さらにこんなことも聞かれました

Does Japan have nuclear weapons?

日本は核兵器を持っているの?

No. It's also basically illegal for civilians to own guns.

持っていません。
また、民間人が銃を持つことも基本的に法律で禁止されています。

戦後、「核兵器をもたず、つくらず、もちこませず」という非核三原則が国会で決まったこともありましたが、法律ではないので法的には効力を持っていません。被爆地である広島と長崎には核兵器の恐ろしさを忘れないように、そして平和を訴えるために建てられた原爆資料館があるので、有名な観光場所だけではなくここにもぜひ足を運んでもらいたいと伝えてみてください。

Nuclear Arms, America, and Japan

QUESTION   #43   ▶▶▶▶

If Japan is such a developed country, why do so many people commit suicide?

日本は先進国なのにどうして自殺する人が多いの？

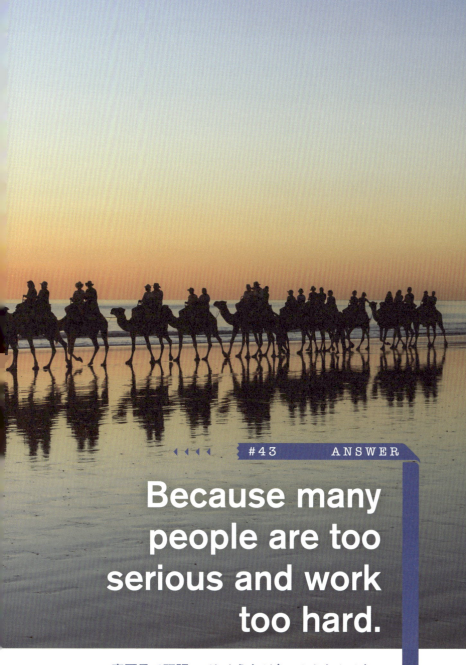

#43 ANSWER

Because many people are too serious and work too hard.

真面目で頑張ってしまう人が多いからなんです。

#43 働き過ぎと日本人
「ストレス社会、日本」

日本人がついつい働き過ぎてしまう文化を持っていることは、どうやら間違いないようです。だからこそ私たちは旅に出かけるのかもしれません。

次に聞かれたのはこんなこと

Question
What is "karoshi"?
「karoshi」って何なの？

Answer
It means "death by overworking".
働き過ぎが原因で死んでしまうことです。

最近では、「過労死」という言葉が「karoshi」として英字辞書に載り、海外のニュースでも使われるようになりました。不名誉なことではありますが、この言葉がそのまま英語になったことを考えると、海外では過労死を表す言葉がないということを意味します。集団行動が多いのに助けを求める人は周囲にいないという環境もいつかはなくなり、「karoshi」という単語も使われることがなくなることを願うばかりです。

さらにこんなことも聞かれました

Question

Can't you take a break from time to time?

働いてばかりでたまには休めないの？

Answer

Japan started a new campaign called "Premium Friday".

「プレミアムフライデー」という新しいキャンペーンが始まりました。

2017年2月に始まったキャンペーンで、毎月末の金曜日は午後3時を退社時間にするというもの。1カ月に一度くらい早く帰る、自分の自由な時間を過ごしましょうといった取り組みです。しかしながら、仕事を休みにくいという労働文化はとても根強く、この試みが浸透しているとはとうてい言えない状況にあります。

大道芸で人を笑顔にするという生き方に感動

コスタリカの首都サンホセのホステルで出会ったエミーリオ。彼はベネズエラ出身で、大道芸をしながら、世界中を4年間も旅をしています。伝統的なサーカスやお祭にも引っ張りだこ。普段は道端で大道芸を繰り広げ、観客を虜にしています（ローラーボールに乗ってナイフを回したり、頭の上や手でボールを回したり）。宿泊していたホステルでは、壁をうまく利用して懸垂をしたり、食事にも気を遣って健康管理をしっかりしていました。
世界を旅しながら、初めて出会った人たちを笑顔にさせてしまう彼に、とても刺激を受けたし、感動しました。（伊藤沙也加／25歳／会社員）

日本の経済の状況はどうですか？

How is the economy in Japan?

QUESTION #44

この会話の続きは次のページ

とてもいいとは言い難いです。

It's difficult to say it's good.

#44 ANSWER

#44 日本の経済

日本は「経済大国」なの？

かつて「ジャパン・アズ・ナンバー・ワン」(1979年)と呼ばれた日本経済の力は、見る影もないようです。働き過ぎず、それでも経済を立て直すにはどうしたらいいのでしょう？

☞ 次に聞かれたのはこんなこと

Question

(Showing Japanese bills) Who are these people? What did they do?

（日本のお金を見せて）この人たちはどんな人？何をした人？

Answer

The person on the 1,000 yen bill is bacteriologist (バクテリオロジスト) Hideo Noguchi, on the 5,000 yen bill is novelist Ichiyo Higuchi, and on the 10,000 yen bill is philosopher Yukichi Fukuzawa.

千円札は野口英世（細菌学者）、五千円札は樋口一葉（小説家）、一万円札は福沢諭吉（思想家）です。

お札の肖像画に選ばれる基準は、知名度が高くて国民に親しみやすく日本を代表するような人。そして、偽装が簡単にできないよう、特徴のある顔が選ばれているようです。

野口英世は子どもの頃に負ったやけどが医学により治ったことから、人々を苦しめる菌の研究学者になりました。黄熱病を解明するためアフリカへと渡りましたが、自身が黄熱病により亡くなってしまいました。

樋口一葉は、生活難を乗り越えて人気作家となり、

女性の地位を向上させた人物です。
そして、新しい日本の時代を切り開いたと言っても過言ではない福沢諭吉。海外の文化を日本に取り入れたり、教育者として功績を残したり、生命保険の仕組みを日本に紹介したりと、業績は数知れず。最高額紙幣の顔であり続けることにも納得です。

さらにこんなことも聞かれました

What is the population of Japan?

日本の人口はどれくらいなの?

As of 2017, the population is 126,720,000 people.

2017年現在の人口は、1億2672万人です。

働き方の選択肢が時代とともに増えたことで晩婚化が進んでいることや、育児休業取得率の低さなどの影響から、日本の総人口は減少しつつあり、少子化が社会問題となっています。日本政府は少子化を防ぐために様々な取り組みを行っていますが、ヨーロッパ諸国と比べるとまだまだ出産や子育てがしやすい環境とはいえません。

世界のお金

日本の五円玉、五十円玉は穴があいているため、外国人からは珍しがられることが多いです。様々な国を旅していると、国によって違うお札、コインを見るのも楽しみの一つになってきます。キューバでは観光客用と国民用の二種類の通貨があったり、ユーロ圏のコインは同じユーロでも国を表すそれぞれの絵柄が描かれていたり、アイスランドは可愛い魚が描かれたデザインだったり、プラスティック紙幣の国があったり。「あなたの国のお金を見せて (Can you show me money from your country?)」と頼んでみよう。

QUESTION #45

Can you tell the difference between other Asians?

アジアの人たちを見分けられるの?

#45 ANSWER

Yes, we can!

見分けられますよ!

#45 「東アジア」の中の日本
日本と漢字とアジアの国々

漢字を取り入れひらがなとカタカナを生み出した歴史一つをとってみても、日本文化には意外にも、もともと外の世界に開かれた部分があるのかもしれません。

☞ 次に聞かれたのはこんなこと

Question

You can understand this kanji if you're Japanese, right?

日本人だったらこの漢字はわかるよね?

Answer

I can't, because that kanji is used in China and not Japan.

それは中国語で使われている漢字なのでわかりません。

ファッションやメイクなど、同じアジアの国でも特徴や流行りが違うので、見分けられることが多いです。日本人はアジア以外の国になるとどこの国の人かなかなか見分けることができませんが、南米に住む人は、ブラジル人か、ペルー人か、チリ人かなど、どこの国の人かがわかるそうです。また中国人は、日本人の顔を見て(先祖が)「広東系」「東北系」などということがわかったりもするようです。南米やアフリカ、ヨーロッパなど、大陸ごとにお互いの見分けるポイントなどを教えあうと面白いですよ。

また欧米諸国の人からすると、日本で使っている漢字も中国で使われている漢字も一緒のように見えます。日本と中国で使われている漢字は、意味が違うものもあります。たとえば日本の「娘」という字は、中国では「母親」の意味になります。

似てはいるものの、全く別の意味になる時もあるので、全く一緒ではないことを伝えましょう。

さらにこんなことも聞かれました

Do you travel around Asia?

アジアに旅行することもあるの？

Countries like Taiwan and Korea are popular because you can visit them over the weekend.

週末に旅行できる、台湾や韓国は人気です。

LCC が発達してきたこともあり、週末の休みを使って近場のアジアの国への週末弾丸海外旅行を楽しむ人も増えてきました。祝日と重ねたり一日有給休暇をプラスすれば、少し足を延ばしてタイやシンガポール、バリ島にも行くことも可能です。

Japan in Southeast Asia

アジアの旅先6選
日本を訪れる外国人にもおすすめ！

TABIPPOが自信を持って、外国人にも日本人にもおすすめしたいのがこの6カ所。おいしいものを食べたり、ぼーっとしたり、遺跡に感動したり、いろんな楽しみ方ができます。

台湾 🇹🇼

日本からも週末を利用して訪れることができる近場の観光地。夜市も多く、ビールを片手に食べ歩きをしたり、手頃なショッピングを楽しむことができます。

＜おすすめの観光地＞
九份…宮崎駿監督作品の『千と千尋の神隠し』のモデルになったといわれている場所。ノスタルジックな夜景にため息が出そう。

ベトナム 🇻🇳

ビーチも絶景もグルメも堪能できる国。リゾート地のダナン、世界遺産のハロン湾、見どころ多数のハノイ、経済都市のホーチミンなど南北に細長いベトナムは様々な顔を見せてくれます。低価格でヘルシーなベトナム料理はバックパッカーに大人気。

＜おすすめの観光地＞
ホイアン…ベトナムの中部辺りの世界遺産地区。旧市街の小さな街は夜になるとお土産屋さんのランタンに火が灯り、幻想的な光の世界が目の前に広がります。

ラオス 🇱🇦

ニューヨーク・タイムズ紙の「世界で一番行きたい国」に選ばれたこともある国ラオス。そこまで観光地化されておらず人々が素朴で親切。「何もしないことが一番の贅沢」という言葉がぴったりな国。

＜おすすめの観光地＞
ルアンパバーン…世界遺産の古都。プーシーの丘からの夕焼け、夕方から開催されるナイトマーケット、日帰りで訪れることができるクアンシーの滝など、観光スポットも多くあります。時間を忘れてぼーっと過ごすことをおすすめします。

カンボジア 🇰🇭

発展を見せるタイとは違って、自然に囲まれているカンボジアには、貴重な遺跡が多く存在しています。また、アンコールワットの修復支援に日本が関わっていることをご存知ですか？ 一度は危機遺産に登録されたものの、今では修復支援により危機遺産から解除されています。

＜おすすめの観光地＞
シェムリアップ…世界遺産アンコールワットがあるのはこの街。天気が良い日、早起きをしてアンコールワットに向かえば、オレンジ色に染まる素晴らしい朝日を見ることができるかもしれません。少し離れた場所にあるタ・プローム遺跡も、映画『トゥームレイダー』の舞台となった場所として有名で、ベンメリア遺跡は映画『天空の城ラピュタ』のモデルになったとも噂されています。

タイ 🇹🇭

バックパッカーの聖地と呼ばれることも多いタイ。日本でのタイ人気は抜群です。タイ料理や美しいビーチ、可愛い雑貨など魅力がたくさん詰まっている国。

＜おすすめの観光地＞
チェンマイ…この街で開催されるイーペン祭りは必見。11月の満月の日に祈りを込めて大きなランタンを空に舞い上げるこのお祭りは、ディズニー映画『塔の上のラプンツェル』のモデルとなったとも言われています。街中にはおしゃれで Wi-Fi が飛んでいるカフェも多く、欧米人も多く訪れます。

ミャンマー 🇲🇲

民主化への道を歩み始めたことで世界から大きな注目を集めるミャンマー。日本からの企業進出も増え、近年旅行者数も急増しています。アジア最後のフロンティアではないでしょうか。

＜おすすめの観光地＞
バガン…世界三大仏教遺跡の一つ。残り2つのアンコールワット、ボロブドゥール遺跡よりもまだ観光客が少ないので、穴場の観光地となっています。緑の平野に多数の寺院が建てられている光景は圧巻そのもの。10〜3月の期間はバガン遺跡を空から眺めることができる気球ツアーにぜひ参加を。大人気なので早めの予約が鍵です。

政治と友情は関係ない
旅だからこその出会いと交流

旅での出会いと発見は、私たちの先入観を次々と打ち壊してくれます。最終的には大切なのは、「わたし」と「あなた」。そこに国や政治は関係ないと感じた旅のエピソードを3つ。

韓国人たちと年越し花火を楽しんだ

数年前の冬、僕はトルコのカッパドキアで年を越した。宿には韓国人が5人、日本人は僕一人だった。その年は日韓の領土問題が荒れた時期だったので、少し肩身の狭い思いをしていた。そんな中一人の韓国人リーが話しかけてきた。「花火が上がるらしい。一緒に行こうぜ」僕は嬉しくて誘いに乗っかった。大晦日の夜、僕は5人の韓国人たちと打ち上げ花火の下で踊り、元旦は早起きして初日の出を見た。「新しい年は仲良くやろうぜ」リーとは今でも連絡をとるほどの仲になった。(勝俣泰斗/22歳/学生)

「日本〈人〉のことは好きになった!」といわれた旅

旅中はたくさんの中国・韓国人バックパッカーと出会いました。中でも、ヨルダン/アンマンの民営バス内でのひょんな出会いからエジプト―ダハブ国境越えまで共にした韓国人の彼(ヨン様風のイケメン若者)とはたくさん笑ってたくさんケンカもしました!彼が運転手と運賃について揉めて取っ組み合いをした(出会った時も同じシチュエーション笑)時には、「(彼)なんで外国人だからって地元民よりも高額なお金を払わなきゃいけないんだ!」「(私)気持ちはわかるけど、あんたのその、人へのリスペクトの無さ(見下した態度)がよくないよ!ケンカもよくない!」と注意した先先、私もタクシー運転手と言い合いになって揉めました……。それを見た彼は苦笑い、その後ふたりして大笑いでした!彼は反日教育を受けていたようでしたが「日本という〈国〉はなかなか好きになれないけど、ヨウコ(私)のこと、それから日本〈人〉は好きになった!」と言ってくれて、すっごく嬉しかったです。彼とは今でもよく連絡を取っていて、今度日本に遊びに来てくれるそうです☆(青木容子/33歳/病院勤務)

「尖閣諸島の場所なんて知らない」

翻訳家という職業には、ノートパソコン一つあればどこでも仕事ができるという利点があります。それを最大限に活かして、アジア各地やスペインを移動しながら一年の大部分をすごしています。中でも中国南部に滞在する頻度が高く、日本の知人たちには「イヤな目に遭わないの?」とよく聞かれます。でもほとんどの場合、こちらが日本人と知ると中国人の愛想はよくなります。それを見て中国人の友だちは、「中国人は中国人に厳しいくせに、外国人にはころっと態度が変わるんだよ」と納得いかない様子。なんだか日本でも聞いたことがあるようなセリフです(笑)。また、中国語を話すとその傾向はさらに強まります。僕の中国語は英検3級くらいの片言なのですが、それでも日本人が中国語を使うことは相当に衝撃的で意外なようで、みないっそう親切にしてくれます。ホテルで、掃除のおばちゃんたちが日本人と一言話をしようと、用もないのに5、6人来てはみんなで談笑して帰っていくこともあります。

総じてそういう良い雰囲気なのですが、一度だけ、広東省の郊外の観光地をぶらぶらしている時に一人の青年がつかつかと近寄ってきて、「釣魚島(尖閣)は中国のものだ」と言い始めたことがあります。僕は持っていたスマホの地図アプリを立ち上げて、「でも、釣魚島ってどこにあるの?」と尋ねました。するとちょっと考え込んでから「わからない」と答えます。周囲の人たちに尋ねても、苦笑するばかりで誰もわかりません。そのうち「まあどうでもいいか」と言いだして、全員で笑い合いました。それで最後に、「そんなことより、美味い飯を食わせろ」と僕が言うと、みんなでごちそうしてくれました(笑)。

こういうことは、ほんとうにごくごくまれな出来事です。たぶん、アメリカ人が日本を旅行していて、「ヒロシマ」について詰め寄られる確率よりもちょっと高いくらいのものではないでしょうか。とにかく、日本にいた時に漠然と思い描いていた中国人のイメージは、良い意味で裏切られることばかりです。(斎藤栄一郎/翻訳家)

CHAPTER six

Bonus Chapter

おまけ編

おまけ編1
英語の悩みを簡単解決
旅の英会話に必要なのはこれだけ！

「もっと英語で外国の人とおしゃべりがしたい！でも英語に自信がない……」
英語の苦手な世界一周経験者、みさきさんの悩みに英会話の先生が答えます。
ちょっとしたコツを覚えるだけで、旅先での会話がこんなに楽しくなります！

 さち
幼少時代は英語ネイティブたちと育ち、旅先では英語に困らず外国人の友達が多い。

 みさき
世界一周経験者だが英語は大の苦手。ゲストハウスで会話が続かず外国人に話しかけることができない。

 レネ
英会話カフェのマネージャー・講師。ネイティブ目線から日々日本人の英語の悩みを解決している。

> みさき ：今度の休みにアメリカに行くんだ！
> さち　 ：お、いいね〜！誰かと行くの？
> みさき ：ひとり旅だよ！
> 　　　　現地で友達つくって旅したいんだけど、
> 　　　　英語が心配なんだよね〜。
> さち　 ：みさきちゃん、この間も海外行ってたよね。
> 　　　　その時はどうしたの？
> みさき ：旅行英語でなんとかって感じ。
> 　　　　せっかくだし、もっと外国人と
> 　　　　会話できたらいいなぁ。
> さち　 ：今日ちょうど英会話の先生をしてる友達に会うから、
> 　　　　相談してみなよ。

悩み① ── Problem #1
★ 外国人に緊張してしまう
I get nervous when speaking with foreigners.

> レネ　 ：How are you doing?
> さち　 ：Hey! Good! And you?
> レネ　 ：Pretty good!
> さち　 ：She's my friend Misaki!
> みさき ：ハ、ハロー！ナイストゥミートゥユー！
> レネ　 ：初めまして！レネです。
> みさき ：あ、なんだ、日本語話せるの！
> 　　　　よかった〜。英語だと緊張しちゃうんだよね。
> さち　 ：英語を話すときに、なぜ緊張するかが分かると、
> 　　　　英語が話しやすくなるよ。

> みさき：へぇ〜。
> 　　　　考えたことなかったな。今度ひとり旅でアメリカに行くから今より少しでも喋れるようになる、英会話のコツとか教えてほしいな。
> レネ　：**Sure!** ちょっとしたポイントを押さえておくだけで、英語がもっと話しやすくなるよ！

👉 POINT：緊張しないコツは？

・まずは自分が緊張する理由を把握すること。不安を感じたり、失敗をイメージしてしまうと、人はどうしても緊張してしまいます。「聞き取ってもらえなかったらどうしよう」「伝わらなかったらどうしよう」と思いはじめると、知っているはずの単語が出てこなかったり、声が小さくなって聞き取ってもらえなくなったりすることも。何を不安に感じているかを把握し、具体策を立てることが大事です。

・「聞き取ってもらえなかったらどうしよう？」から「聞き取ってもらうにはどうしたらよいか」を考えてみよう。
→聞き取ってもらうために、はっきりした声で伝える。それでも伝わらなければ、紙などに書き出す。それを相手に見せると、相手が読んでくれることで正しい発音を学ぶこともできます。

・「伝わらなかったらどうしよう」から「伝わるにはどうしたらよいか」を考えてみよう。
→自分はネイティブスピーカーではないので、初めから全てが伝わるわけではないと気楽にかまえる。完璧な文章にせず、知っている単語ではっきりと伝えることで、相手が正しい言い方に直してくれることも。その言い方を真似して、次回使ってみると英語の上達に繋がります。

悩み② ～～～～～～～～～～～～～～～～～～～～ Problem #2
★ 分からない単語が出てくる
People use words that I don't understand.

> みさき：英語で話してると、どうしても分からない単語が出てくるんだよね。いつもそこで話が止まっちゃうの。
> さち　：もし分からない単語でも聞き取れたのなら、単語の語尾を上げて質問形にするといいよ。
> レネ　：例えば「**I went to the grocery store today.**」って言われた場合、「**Grocery?**」とその単語だけオウム返しするのがおすすめ。
> さち　：「**Grocery is like "supermarket".**」って別の言葉で言い直してくれるよ。
> 　　　　ちなみに食料雑貨店っていう意味。
> みさき：なるほど。スーパーマーケットなら分かるね！

👉 POINT：緊張しないコツは？

・「オウム返し」で聞き返してみる。
・「**What is**」の後に分からない単語を入れて質問する。

Problem #3

★ 悩み③ 話していることが伝わらない
People don't understand what I'm trying to say.

レネ ：英語が伝わるかどうか不安な場合、ゆっくりと大きな声で話すのが重要。

みさき ：自信がないから、どうしても声が小さくなっちゃうの。

さち ：そうだよね。特に海外のおばちゃんとか「**WHAT!?**」って不機嫌そうに言うから、正しい単語を使ってても間違えてるのかな？って不安になるんだよね。

レネ ：確かに不安だよね。そんな時は「自分はネイティブスピーカーではない」と改めて認識することがおすすめ。母国語ではない言語を使って一発で相手に理解してもらう必要はないので、間違えることを気にせず相手に伝えてみよう！

さち ：あとは、スマホやタブレットの画面で「**THIS!**」って言いながら、指差しちゃうだけでも **OK!**

みさき ：あ、それなら簡単～！

レネ ：写真を見せながらだと細かいところまで伝わるし、スムーズに話がしやすくなるね。

POINT：伝わらなかったら？
・ゆっくり、はっきりと話す。
・スマホやタブレットを使って、画像を見せる。

悩み④ 単語が出てこない／分からない
Vol.1：連想ゲーム編

Problem #4

I can't think of the word!
Vol. 1 Word Association Game

- みさき：英語で話してると、どうしても単語が出てこなくなるんだよね。
- さち　：あるあるだよね〜。
- レネ　：じゃあ、ちょっとゲームをやってみよう!
- みさき：え! いきなり! (笑)
- レネ　：はい、みさきさん。あなたは山で遭難しました。そんなところに小屋を発見! そこにいたおじさんから寒さをしのぐために「薪」が欲しいことを伝えてください。
- みさき：薪〜!? なんて言うの? わかんない〜!
- さち　：OK! さっそくゲームをスタートするよ! What is "maki"?
- みさき：えーっと…… tree?
- さち　：Yes, a big tree, or a small tree?
- みさき：Small tree, and 切る! cut! cut!
- さち　：Why do you want it?
- みさき：I'm cold, I want fire!
- レネ　：Ah! so you need "fire wood"?
- みさき：それを薪って言うんだ! I want fire wood!
- レネ　：そういった感じで、薪はどんなものなのか、何のために使うものなのかを伝えると、向こうから、「これのこと?」と聞いてくれたりするよ。
- みさき：相手に連想ゲームをしてもらえばいいのか〜。
- さち　：黙って考え込んじゃうと、会話も止まっちゃう。知ってる単語をどんどん言い続けるといいね。

☞ **POINT**：単語が出てこなかったら?

- 違う言葉を使う。類義語を探す。
- 言いたい言葉の説明をする。「どんな形、大きさ、色、何に使うか、何のためか」など、できるだけ多くの情報やヒントを伝える。

English Tips and Tricks!

Problem #5

★悩み⑤ 単語が出てこない／分からない
Vol.2：ジェスチャー編

I can't think of the word!
Vol. 2 Charades

さち ：あとは、ジェスチャーもとっても大事！

レネ ：単語が出てこなくても、知ってる簡単な単語とジェスチャーで伝わることもあるよ。

みさき ：この間、ホチキスって言っても伝わらなかったの。英語なんて言うの？

さち ：そう！ そんな時は「Lots of paper…」と言いながら紙の端っこを挟んでるマネをするだけでいいよ！

みさき ：案外「動作」と「知ってる言葉」だけで伝わるんだね。

さち ：ちなみにホチキスは和製英語。英語では「stapler」だよ！

レネ ：あと、たとえば空いている席があって、「ここに座ってもいいですか？」っていうのが出てこないとき。
そんな時は「Can I?（いいですか?）」を使ってみよう！
空いてる席を指差しながら、「Can I?」と言うと、
「Can I sit here?」という意味で伝わるので、
「sit（座る）」って単語が出てこなくても、ここに座っていいですか？ と通じちゃうんだ！

みさき ：へぇ～！ 言葉に迷った時すごい役立ちそう。

さち ：後、「Would you?」も同じように、荷物をたくさん持っている時に言うと、「Would you help me?（手伝ってくれる?）」と通じるので、「あれ？『荷物』ってなんて言うんだ？『持って』は？」なーんて考える手間もはぶけちゃう。

みさき ：旅行中にも結構使えそう！ ジェスチャーだけじゃ伝わらなくても、その一言があるだけでだいぶ違いそうだな。

☞ POINT：単語が出てこなかったら？

ジェスチャーと一緒に「Can I?」と「Would you?」を使いたおそう！ 自分がしてもいいか尋ねるときは、「Can I?」。相手にお願いしたいことは、「Would you?」。ジェスチャーだけ、この言葉だけでは伝わらないこともあるので、必ずその上でアイコンタクトもしながら、というのがポイント。

Problem #6

★ 話題の見つけ方／つくり方が分からない
I don't know what to talk about.

みさき：英語だと、なかなか話す内容が見つからないんだよね。会話が続かなくなっちゃうの。

さち：面白いことを話さなきゃ！と思わなくても大丈夫だよ。日本語の会話だって、「昨日○○したんだ！」って何気ない会話をしてるよね。

レネ：そうそう。でも、会話を途切れさせないためには、一言で終わらせず、必ず二言以上話すこと！
たとえば、「How are you?」と聞かれて「Good.」とだけ答えてしまうと、会話は止まってしまうから、いつも「二言目」を意識しておくといいよ。
A: How are you?
B: Good. I went shopping today.
A: That's great! Where did you go?
B: I went to Lumine. Have you been to Lumine?
というように、「買い物に行った」という情報があると、「何買ったの?」「どこに行ったの?」とか次の質問がしやすくなるんだ。

みさき：確かに、わざわざ新しい話題をイチから考えなくていいね。

さち：そこから共通の話題が見つかったりするから、どんどん話が盛り上がっていくよ！

☞ **POINT**：会話を続けるには？

・相手の質問に答える時、一言で終わらせない。
・相手が質問しやすいように話題を提供する。「昨日したこと／その日したこと／今後の予定」などを伝えると、向こうから質問をしてくれることが多い。

English Tips and Tricks!

★ 悩み⑦ 日々英語を勉強するには？
How to study English every day.

Problem #7

＜一言日記を書く＞

日記と言っても、毎日その日の出来事を英語で文章にしていくのは少ししんどいですよね。なので、相手とのやり取りを想像しながら「台本形式」で書くことをおすすめします。台本にすることで、自分の言いたいことが整理されたり、次の話題が考えやすくなります。「次はこんなことを話してみようかな」とメモになったり、わからない言葉を調べて書いておくことで、頭に残るという効果もあります。調べて書いた時は、その単語を単体で書くのではなく、一緒に使う言葉とセットで書いて覚えると、後で思い出しやすくなります。

たとえば、「着る」の意味は、「wear/put on」と書くだけではなく、「ジャケットを着る」「I put on my jacket.」と書く方が、読み返した時に文章として使い方を思い出せます。

＜英語で独り言を＞

今日あった出来事など、帰り道やお風呂の中でぶつぶつと英語で独り言を話してみてください。心の中で話すのではなく、実際に声に出すことが大事です。頭で考えているだけだと、何となく話せる気になってしまいます。声に出すと、どこがスムーズに言えないのか認識できるので、日々トライ・アンド・エラーをくり返してちょっとずつ上達しよう。

＜仲間をつくる＞

いくら頑張って勉強していても、一人だと挫折してしまう時があります。学習仲間をつくって、悩んでいるポイントを共有しよう。相手が解決してくれることもあれば、同じ悩みを持っているということに気づくこともできます。モチベーションを上げてお互いを高め合って勉強しましょう！

＜好きなことを英語でする＞

英語の勉強が続かない！そんな時は自分の好きなことに結びつけてみよう。たとえばサッカーが好きな人は、英語字幕で映画を見たりするより、好きなサッカー選手のインタビュー映像や記事などを読むのがおすすめ。自分が興味のあることの方が、すでに知識もあるのでとっつきやすく、もっと知りたい！と頑張って内容を理解しようという意欲も湧きます。

おまけ編 2
ほかにも聞かれたこんなこと！

旅先ではいろんなことを聞かれます。
本編に収めきれなかった質問や情報をここで紹介します。

☞ 日本の季節についてほかに聞かれたこと

Q　Does it rain a lot in Japan?

日本はよく雨が降りますか？

A　The rainy season begins in May and ends in July, and September is the typhoon season.

5月末〜7月上旬までの梅雨の期間はよく雨が降ります。
また、9月は台風のシーズンです。

> 本州の標準的な四季についての説明だけではなく、日本列島は小さく見えても南北に長いので、北海道や沖縄などかなり異なる気候の土地があることに触れてみても面白いでしょう。

☞ 日本人の真面目さについてほかに聞かれたこと

Q　Don't you get tired from working too much?

そんなに働いて疲れないの？

A　It's a social issue that never goes away.

くり返し社会問題として取り上げられています。

> 日本では、仕事を終えて帰宅しようとすると「まだ他の人（特に上司）が働いているのに先に帰るの？」という無言の圧力を受けることがあります。日本の社会では伝統的に、会社という組織単位でそのメンバーが一体となって仕事をするものだという価値観が共有されてきました。そんな歴史が未だに残っているということでしょうか。これは欧米での、「定時を過ぎても仕事をしているのは、時間内に仕事を終わらすことのできない人」というネガティブな評価に繋がる風土とは真逆の価値観です。

☞ 日本人の生活についてほかに聞かれたこと

Q How do Japanese people release their stress?

日本人はどうやってストレスを解消してるの?

A Maybe karaoke?

やっぱりカラオケかな?

カラオケの後にはストレスホルモンが減るということが医学的に証明されています。カラオケ店がたくさんあるのも、日本がストレス社会だからかもしれません。

発祥の地日本のカラオケは、振り付けをガイドで教えてくれたり採点機能がついていたりエンターテイメント重視ですが、アメリカでは人前で歌うことが苦手な人が多く、歌うよりもダンスがメインになったり、イギリスでは個室ではなくバーやパブで使用されることが多いなど、国によっても受け入れ方が違っています。いずれにせよ海外では、一人で歌い上げるというよりも、全員で合唱できるような歌が好かれる印象があります。

TIPS 英語豆知識

悪口には注意が必要

「Fuck you」、「Bitch」、「Idiot」、「Kiss my ass!」「Holy shit」、「Bullshit」、「Mother fucker」、「Loser」、「Hell」など、英語にはこんな罵倒言葉があります。でも実際に使うことはほとんどないはず。日本語で「バカ」というよりもかなり強い意味になるので、注意しましょう! 英語に比べて悪口が少なく感じる日本語。日本人の優しさから相手を攻撃する言葉がないことは、日本語のポジティブなところかもしれません。でも裏を返すと、日本独特の「本音と建前」の文化から直接人に悪口を言うよりも裏で陰口を叩くことの方が多かったために、攻撃の言葉があまり生まれてこなかったのではないかという説もあります。

☞ 日本人の生活についてほかに聞かれたこと

Q How fast is the Shinkansen?

新幹線ってどれぐらい速いの?

A It takes 2 and a half hours to go 552.6km from Tokyo to Osaka.

東京から大阪までの552.6キロを2時間半ほどで移動できます。

👉 日本の家についてほかに聞かれたこと

Q **Japanese houses are made out of wood and paper, right? Aren't they weak against earthquakes?**

日本の家って、木と紙でできてるんでしょ?
地震ですぐ倒れるんじゃない?

A **There aren't many houses made out of wood and paper left! After experiencing large earthquakes, Japan has built modern buildings to resist earthquakes.**

木と紙だけでできた家は、もうほとんどありません!
大きな地震の経験から、最近の建物は地震に耐えられるつくりになっています。

👉 日本のトイレについてほかに聞かれたこと

Q **Is it true that Japanese toilets have washlets?**

日本のトイレにはウォシュレットがついてるって本当?

A **Yes, Japanese toilets are the best in the world.**

はい、日本のトイレは世界一です。

TiPS 英語豆知識

覚えておきたい「トイレ」の言い方!

英語でトイレの言い方は、国やシチュエーションによって変わります。アメリカやオーストラリアでは「bathroom」、イギリスでは「toilet」、カナダでは「restroom」を使うことが多いです。よく使う表現なので、アメリカでrestroomと言って通じないわけではありませんが複数の表現方法を覚えておくと便利ですよ。
また、高級レストランやフォーマルな場面では、「lavatory」を使って丁寧に伝えることをおすすめします。ちなみに、「トイレを貸してください」と言う場合は英語で、「borrow」ではなく、「use」を使うので、「May I use the bathroom?」と尋ねてみましょう。

☞ **日本人の考え方についてほかに聞かれたこと**

Q **Why do you care about blood types?**

どうして血液型を気にするの？

A **Lots of Japanese women like fortune telling. They want to know their compatibility with their boyfriends or colleagues.**

特に日本人女性は占いが好きなんです。恋人や職場の人との相性を気にしています。

> 国によっては血液型を聞くことは失礼と感じる国もあるので、直接聞くのは避けた方がいいかもしれません。そして、日本のように血液型を気にしている国や地域はあるのでしょうか？気になったら質問をしてみても面白いかもしれません。
> 「あなたの国では血液型で性格判断ができるというような考え方はありますか？(Do you believe in blood type personality theory in your country?)」。血液型ではなく、別のこういうものを使いますよ、という答えが返ってくるかも。

☞ **日本人の習慣についてほかに聞かれたこと**

Q **Why do Japanese people wear masks?**

日本人ってどうしてマスクをするの？

A **We wear them when we have a cold, hay fever, or when we aren't wearing makeup.**

風邪や花粉症、ノーメイクの時にもつけています。

> 海外では日本ほどマスクを使いません。マスク姿の人を見ると、何かの伝染病が蔓延しているのではないかと不安になる外国人もいます。この質問をされたら、「日本人は周りに気をつかう性格なので、風邪予防だけでなく自分がひいている風邪を他人にうつさないようにマスクをします」と説明すると納得してくれるかもしれません。「女性の場合、花粉症やノーメイクの時の顔を見られたくないという理由からマスクをしています」とつけ加えるとなお親切です。

👉 日本人と食事についてほかに聞かれたこと

Q Can all Japanese eat wasabi?

日本人は皆わさびが食べられるの?

A Some people don't like wasabi. Restaurants will serve wasabi-free food if you say "SABINUKI" when making an order.

苦手な人もいます。「SABINUKI」と伝えると
わさびを抜いてくれますよ!

👉 国際関係についてほかに聞かれたこと 1

Q Does Japan have good relations with China and Korea?

中国や韓国と仲良いの?

A The political climate is tense, and the news often talks about war.

戦争の話がニュースになることがあり、政治的には緊張感があります。

> 日本は歴史上何度も中国、韓国に侵略をくり返し、戦争を行ってきました。慰安婦問題や竹島、尖閣諸島といった領土問題もあり、そうしたことの長い積み重ねからギクシャクした関係が続いています。とはいえ、日中韓だけでなく他の国も隣国同士は仲がいいのでしょうか? かつてのヨーロッパや、最近では旧ユーゴスラビアのクロアチアとセルビア、中国とチベットなど、国境を接する国同士が問題を抱えていることはよくあります。むしろ地理的に近い国同士の方が仲良くするのは難しいのかもしれません。EU(ヨーロッパ連合)はそういう歴史を反省し、隣国同士無益な戦争に至らないようにする試みでもあります。

👉 国際関係についてほかに聞かれたこと 2

Q Do you like Chinese and Korean people?

中国人、韓国人のこと好き?

A Many people do!

好きな人が多いですよ!

おまけ編 3
旅のこぼれエピソード集

たくさんの旅人たちが、たくさんの経験を寄せてくれました。
本編に収められなかったものの中から、ほんの少しだけここでご紹介。

イースター島で出会ったコリアン・パパ

子どもの頃から、何となく見てみたかったモアイ像。20歳の夏、念願叶って女一人、イースター島へと旅に出た。お金がなかった私は、少しでも安く済ませようとロッジではなくテントに泊まることにした。隣のテントには、韓国人のおじさんが一人。「僕はお父さんくらいの歳だね。君のコリアンパパだ」と言われて、その日から彼のことを「パパ」と呼ぶようになった。物価が高いイースター島で、持参してきた食事を分けてくれたり（もちろんキムチも！）、車を借りてきてくれて一緒に島をドライブしたり。パパは名前だけじゃなく本当にお父さんのようだった。たった数日のことだったけれど、今でも時々恋しくなる、私の優しいコリアンパパです。（坂井さやか／24歳／会社員）

「Welcome to New York!」

初めてのニューヨーク。一人で地下鉄に乗ろうとした時のこと。切符の買い方も電車の乗り方もわからず、そもそも券売機や駅員が見当たらない。頭の中はどうしたら良いのかわからずパニックでした。途方に暮れ、柵の前をウロウロしていると、なんと若い男性が「Welcome to New York!」と笑顔で扉を開けてくれたんです。「ありがとう」と声をかける前にその男性は立ち去ってしまったのですが、とても嬉しかったのを覚えています。（片山春花／23歳／看護師）

ラオスのお坊さんに助けられたひとり旅

ラオスひとり旅、町から町へ北上するバスは、13時間以上かかる長旅でした。バスで外国人は私一人。いろんな町で乗ってきたラオス人と過ごす道中は、とても楽しいものでした。中でも一番仲良くなったのが、後ろの席にいたお坊さん。でも、楽しかったバス旅も終わり、降りた時あることに気がつきました。「カメラがない！」旅の思い出が詰まったカメラをなんと盗まれていたのです。泣く私。そこで、お坊さんが衝撃の一言。「僕、犯人知ってるよ」。「え！」。実はバスに乗っていたチケットもぎりのスタッフが盗んでいたとか。お坊さんのおかげでカメラは無事戻ってきて、その後私は、そのお坊さんのお寺に泊まらせてもらい、翌日は市内観光を一緒にしましたとさ。
（石原夏果／26歳／会社員）

言葉から宗教観の違いを感じた体験

ワーホリ中に働いていた職場で、同僚の中に何人か日本好きの子がいました。すでにいくつか日本語を知っていたのですが、どれも標準語で、関西出身の私には違和感がありました。そこで「本当に？」を「ほんまに？」って関西では言うんだよ、と教えてあげると、方言にとても興味を持ってくれました。日本語を知ってくれているだけでも十分嬉しいですが、自分の街の言葉を使ってくれるのはもっと喜びを感じました。お互いの距離もより近づけた気がします。（前原美紀／26歳／海外旅行事務）

日本人でも漢字を書けないことに納得

日本語を勉強するにあたり、ひらがなとカタカナを覚えて読み書きするのはそこまで難しくないと思います。しかし日本語を難しくしているのは漢字です。漢字の読み書きは難しく、さらに一つの漢字に対し、組み合わせなどによって2通り以上の読み方があるためとても複雑です。しかもすべてに書き順があり、これらを覚えるのは不可能に近い！なのでほとんどの日本人がすべての漢字を書けるわけではないことに納得できました。（マテウス／26歳／ブラジル出身）

Other Episodes

ちょっとだけ「良いかも!?」って思った青空トイレ

ボリビアでツアーに参加中はほとんど青空トイレでした。標高4,400m（富士山は3,776m）の中、車を止めてもらって100mくらい猛ダッシュし、岩や草陰を探してトイレをします。「絶対見えてる！」と思いながらトイレしていました……。もちろんトイレットペーパーなんてある訳ないから持参するか水で自分で流す。はっきり言って日本のトイレを知っている女子には過酷です。罰ゲームより酷いと思う。でもね、一瞬なーんにもない広い大地でする青空トイレは開放感があって、ちょっとだけ良いかも!?って思いました。本当にちょっとだけですけど（笑）!（mi／31歳／美容師）

「英語が上達したなあ」と感じた朝

メルボルンにあるバックパッカー向けの宿に泊まった際、空港行きのリムジンバスの手配を3回お願いしたができていなかった。スタッフも毎回別の人で、引き継ぎが悪いのかなんなのかはわからないが、「手配してる」と言われたのに来なかった。その場にいたスタッフに話すと、「Sorry, this is for you!」とビールを一本持ってきた。カチンときたので、「飛行機に間に合わない、どうしてくれるの？ オーナー呼んで」と言うと、「ソーリー、でも仕方ない」とまた言われてさらにヒートアップ。「タクシーを手配してあなたがたがその分を払いなさい。このままでは、支払わなくてよい額をこちらが払わないといけなくなる」と交渉すると支払ってくれた。最初は、「日本人だから英語が話せないだろう」的な適当な扱いだったが、本気で喧嘩できるようになった時に、「英語が上達したなあ」と感じました。
（あや／28歳／会社員）

英語はピンポイント、日本語は円を描くように

英語では動詞が先にくるのに、日本語では一番大切なものが最後にくるので、頭の中で文章の並べ替えをたくさんする必要があります。ポイントで直接的に話す英語とは異なり、日本語はまるで円を描くように物事を伝えているような気がします。どこがポイントで何が重要なのか、なかなか見えてこないのです。そのため、日本人の友人と話していると、結局何が言いたいのか最後までなかなか理解できないことが多くあるので、そこが一番難しいと感じています。
（キャメロン／25歳／アメリカ出身）

さいごに:旅に出る前に調べること!

ひとり旅は不安なことも何かとあります。襲われないか、物を盗まれないかなど、気を張らなければいけない場面も少なくありません。日本は特に治安がいい国と言われていますので、国内の生活環境とは大きな違いがあります。出発の前に、出かける先の国ではどんな犯罪が多いのか、どういう場面で狙われやすいのかなどをリサーチすることをおすすめします。犯罪に巻き込まれないとしても、急病になって困ることもあるので、海外旅行傷害保険には必ず入り、緊急連絡先をメモするなどできるかぎりの事前準備も必要でしょう。それでも、何か困った時は海外でも手を差し伸べてくれる人が多く、かえって優しさを感じる旅になっという人もたくさんいます。

※外務省の「海外安全ホームページ
(http://www.anzen.mofa.go.jp/)」も参考になります。

Other Episodes

おわりに

「旅に行きたいけれど、英語が不安……」

TABIPPOのイベントや旅大学に参加してくださった方から、この言葉を本当によく耳にします。正直、この本をつくったTABIPPOメンバーの中で流暢に英語が話せる人はわずかです。

その気持ちはとてもよくわかります。

英語が話せなくても、旅はできた。でも、あの時もっと話せたら、勇気を出して喋りかけていたら。旅の景色はもっと広がっていたかもしれない。

海外に行くと、現地の人は自分が思っている以上にあたたかく迎えてくれる。
つたない英語も一生懸命聞き取ろうとしてくれる。けれども話せない自分がもどかしい。そんな悔しい思いをしてほしくない！ そんな想いを込めて、たくさんの旅人とこの本をつくってきました。

自己紹介の後ってどんな話をしたらいいんだろう？ 日本でオススメの場所って、どこを教えてあげたらいいんだろう？ 日本の政治や経済についてなんて意見すればいいんだろう？ 実は、多くの人たちが英語の前に「あれ？」とつまずくのは「こんなこと、日本にいたら考えもしなかった！」というような、私たちが当たり前のように生活している中での習慣や風習、日本の伝統文化のことだと、たくさんの旅の先輩たちが口を揃えて言いました。

そんな時、私たちがもっと自分自身のことを、そして日本のことを知っておしゃべりすることができていたなら、旅先での思い出がより濃いものになるかもしれない。

もっと興味を持ってくれて、今度は日本を訪れてくれるかもしれない。彼らの日本に対する誤解が解けるかもしれない。何より、世界中に友だちができるかもしれない。そのためのヒントがこの本には凝縮されています。

日本人が取得できるパスポートが「魔法のパスポート」と呼ばれているのは知っていますか？

世界ではまだ多くの国の人々が、他国へ入る時にビザを取らなければいけない中、日本という国の信頼の高さから、ビザなしで入れる国がほとんどなのです。そんな世界でも最強のパスポートがあるのに、「語学が苦手だから」という理由で旅を諦めてほしくないと私たちは思っています。この本に載っているのは、実際に旅人たちが海外で外国人に聞かれた質問ばかり。

「そういえばこんなことよく聞かれたよね」
「この話ができていたら絶対盛り上がってたよね！」

旅の先輩たちのリアルな声は、皆さんの不安をどんどん取り除いてくれることでしょう。

掲載している会話例はたくさんありますが、全部覚えたりしなくても大丈夫。ポイントとなる単語を伝え、写真を見せたり、ジェスチャーしてみたり。勇気を持って伝えたい！とまず思うことが大切です。そうすればきっとあなたの想いは伝わります。

この本を使って旅を終えた後は、今よりきっと世界のことを、そして日本のことも好きになるはず。

さぁ、「語学が苦手だから」はもう通用しません！
そんな言い訳はこれっきりにして、あなただけの冒険の1ページをスタートさせてみませんか？

株式会社 TABIPPO

クレジット

P6-9	PHOTOCREO Michal Bednarek /shutterstock.com	P69	mono / PIXTA
P11	EyeSeeMicrostock/shutterstock.com	P70-71	vichie81/shutterstock.com
P12-13	Ekaterina Pokrovsky/shutterstock.com	P73	Shiho Okumura
P16-17	kikovic/shutterstock.com	P74-75	Lisovskaya Natalia/shutterstock.com
P19	Kyohei Okada	P78-79	Thuwanan Krueabudda/shutterstock.com
P20-21	S-F/shutterstock.com	P81	Natsuka Ishihara
P22	Rawpixel.com/shutterstock.com	P82-83	Lano Lan/shutterstock.com
P24-25	空 /PIXTA	P86-87	DisobeyArt/shutterstock.com
P27	Yuka Ochi	P89	Basico/shutterstock.com
	Ayumi Hara		gontabunta/shutterstock.com
P28-29	photobyphotoboy/shutterstock.com		gontabunta/shutterstock.com
P30	mi		abc1234/shutterstock.com
P31	Satoka Numata		Nutria / PIXTA
	Kohei Sugawara	P90-91	canadastock/shutterstock.com
	Nana Ogura	P93	Harumo Nishide
P32-33	YU_M/shutterstock.com	P94-95	ばりろく /PIXTA
P35	Kazuma Hanazaki	P98-99	crazystocker/shutterstock.com
P36-37	俺の空 /PIXTA	P102-103	Kaisha Morse/shutterstock.com
P40-41	Uwe Bergwitz/shutterstock.com	P105	Satoko Yoshino
P43	Taiki Sakaguchi	P106-107	Vixit/shutterstock.com
P44-45	HTeam/shutterstock.com	P109	0120/PIXTA
P47	Africa Studio/shutterstock.com		tamayura/PIXTA
P49	lolya1988/shutterstock.com		billnose/PIXTA
P50-51	T photography/shutterstock.com		ISO8000/PIXTA
P54-55	Jim Lopes/shutterstock.com		tofang/shutterstock.com
P57	Vanila91/shutterstock.com	P110	ykokamoto/PIXTA
P58-59	Sean Pavone/shutterstock.com		COMOC Sizzle/PIXTA
P60	usatyu/PIXTA	P111	gontabunta/PIXTA
P62-63	jon alkain/shutterstock.com		オクケン /PIXTA
P65	Hinochika/shutterstock.com	P113	StorKiss/shutterstock.com
P66-67	Dancestrokes/shutterstock.com	P114-115	sunsinger/shutterstock.com
P68	2p2play/shutterstock.com	P118-119	TORWAISTUDIO/shutterstock.com
		P121	cameron

P122-123	littlewormy/shutterstock.com	P172	Sachiyo Koizume
P126-127	Sean Pavone/shutterstock.com	P173	Rui Maeda
P129	Ayami Otsuki	P174-175	Veronika Galkina/shutterstock.com
P130-131	Scanrail1/shutterstock.com	P177	m.Taira/PIXTA
P133	Nobuyuki Tanaka		k_river/PIXTA
P134-135	Beautiful landscape/shutterstock.com	P178-179	Nattee Chalermtiragool/shutterstock.com
P136	Natsuko Moreton	P181	Maya Kuwada
P138-139	Ditty_about_summer/shutterstock.com	P182-183	santypan/shutterstock.com
P141	Sayaka Kida	P186-187	Misaki Naka
	Shizuka Sakuma	P189	Ayumi Horii
P142	Momo Nagano	P190-191	jdross75/shutterstock.com
	スオミの旦那と一生一笑 あおい & あれちゃん	P193	aiman_zhafransyah/shutterstock.com
P143	Risato Yamauchi	P194-195	bmphotographer/shutterstock.com
	Aika Nameta	P197	Sayaka Ito
P145	TTstudio/shutterstock.com	P198-199	YNS/PIXTA
P146-147	weniliou/shutterstock.com	P202-203	Olena Tur/shutterstock.com
P150-151	Luciano Mortula - LGM/shutterstock.com	P205	WATHIT H/shutterstock.com
P153	hagechin/PIXTA	P206	Sean Pavone/shutterstock.com
P154-155	ABO PHOTOGRAPHY/shutterstock.com		giannimarchetti/shutterstock.com
P156	Purino/shutterstock.com		FeyginFoto/shutterstock.com
P157	kazukiatuko/PIXTA	P207	Jixin YU/shutterstock.com
	ももこ		Tanachot Srijam/shutterstock.com
P158-159	Feelindesign/shutterstock.com		Travel mania/shutterstock.com
P160	Africa Studio/shutterstock.com	P208	Taito Katsumata
P161	ChrisVanLennepPhoto/shutterstock.com		Yoko Aoki
	Yuta Kimura	P209	Eiichiro Saito
P162-163	ShutterOK/shutterstock.com	P211	oriontrail/shutterstock.com
P165	Yuki Oshima	P224	Sayaka Sakai
P166	Aoi Suetsugu	P225	Natsuka Ishihara
	shihina/shutterstock.com	P226	Rickson Davi Liebano/shutterstock.com
P167	DooDee Studio/shutterstock.com	P227	Kite_rin/shutterstock.com
P169	Badun/shutterstock.com		
P170-171	Tero Hakala/shutterstock.com	帯	turtix/shutterstock.com

※本書に掲載した「答え」は、一つの意見にすぎません。
　これをヒントに旅先ではあなたの意見を伝えてください。

※本書に掲載されている情報は2017年12月時点のものです。
　今後変更される場合もありますので、旅行前に最新の情報をご確認ください。

世界中を歩いた100人の旅人とつくった
ひとり旅英会話BOOK

2018年2月16日 第1刷発行

著者	TABIPPO
制作	小井詰祥予、中美砂希
発行者	木村行伸
発行所	いろは出版株式会社
	〒606-0032
	京都市左京区岩倉南平岡町74番地
	TEL 075-712-1680
	FAX 075-712-1681
印刷・製本	株式会社シナノパブリッシングプレス
装丁	北原和規／西頭慶恭（UMMM）
英語文章チェック	ネルソン・バビンコイ（Nelson Babin-Coy）
スペシャルサンクス	ビルドソラ 鈴木 レネ たかし（Rene Takashi Vildosola Suzuki）
編集協力	品川亮

©2018 TABIPPO, Printed in Japan

ISBN 978-4-86607-045-2　　　HP　https://hello-iroha.com
乱丁・落丁本はお取り替えします。　　MAIL　letters@hello-iroha.com